W0083032

Beate Rottgardt
Günther Goldstein

Unser Lünen

Geschichten und Anekdoten

Wartberg Verlag

Impressum

Bildnachweis:

Dieter Hoffmann: S. 42, 43; Beate Rottgardt: S. 18, 21, 28, 31, 34, 37, 44, 51, 72; Reinhard Meise: S. 71; Günther Goldstein: S. 6, 8, 23, 56, 57, 66, 67, 68; Privat Familie Adamski: S. 10,11,12; Stadtarchiv Lünen: S.16, 22 (E. Deppe), 24 (H. Tarrach), 27, 29, 38, 39, 52 und 54 K.-H. Dülberg), 58 (A. Reis); Privat Familie Siegeroth: S. 46, 47, 48; Privat Familie Reher: S. 61, 62, 63; Privat Horst Krischer: S.74, 76, 77, 78
Autorenbild Beate Rottgardt: Daniel Sczekalla

Titelbild und Innentitel: Stadtarchiv Lünen

1. Auflage 2012
Layout: Attila Jo Ebersbach, Kassel
Druck: Hoehl-Druck Medien + Service GmbH, Bad Hersfeld
Buchbinderische Verarbeitung:
Buchbinderei Büge, Celle
© Wartberg Verlag GmbH & Co. KG
34281 Gudensberg-Gleichen, Im Wiesental 1
Telefon (0 56 03) 9 30 50
www.wartberg-verlag.de
ISBN: 978-3-8313-2414-9

Inhalt

Unser Lünen

Lünen, die Stadt an der Lippe, genau auf der „Grenze" zwischen Ruhrgebiet und Münsterland gelegen, hat viel zu bieten. Das Familien-Drachenfest und das Kinofest im Herbst, das einzige Volltheater im Kreis Unna, Sportliches und Kulturelles, eine lange Bergbautradition und jetzt den Strukturwandel in Richtung Dienstleistung und Kreislaufwirtschaft.

In diesem Buch geht es vor allem um Menschen aus Lünen und ihre Geschichten, um Erinnerungen an große Momente wie den Gewinn der „Goldenen Maske", an die Arbeit unter Tage und für den Bergbauzulieferer Westfalia. Wir lassen den Buttermilchkarneval wiederaufleben, eine Familie ihre Geschichte erzählen und werfen einen Blick auf das frühere Scholl-Gymnasium, eine reine Mädchenschule.

Geschichten, die Geschichte nachempfinden lassen, die aus dem Lünen der 50er-, 60er- und 70er-Jahre berichten, das viele Leser selbst kennen gelernt haben. Die Jüngeren werden vielleicht schmunzeln und staunen über das, was damals so alles in der Lippestadt geschah. Allen wünschen wir viel Vergnügen bei einer Reise durch Lünens jüngere Vergangenheit und der Erinnerung an persönliche Erlebnisse.

Beate Rottgardt
Günther Goldstein

Kunst auf Reisen

Der Vollmond leuchtete strahlend über Lünen, seine kreisrunde helle Silhouette spiegelte sich in der Lippe und im Kanal. Die meisten Lüner schliefen schon oder saßen vor dem Fernseher, nur wenige waren noch auf den Straßen unterwegs. Es war ein ganz normaler Wochentag, oder besser gesagt, er ging gerade zu Ende, denn es war schon fast Mitternacht.

Als die Uhr der Stadtkirche St. Georg zwölfmal schlug, geschahen seltsame Dinge auf dem Marktplatz. Die vier Figuren, die Künstler Andrzej Irzykowski geschaffen hatte, erwachten langsam zum Leben. Der Kunde mit dem Hut streckte sich, die Fischhändlerin legte ihre Ware beiseite, genau wie die Blumenfrau, die das große Vorbild der „Lüdia" ist, des Filmpreises der Stadt Lünen. Er wird in jedem November während des Kinofestes an den Wettbewerbsbeitrag vergeben, der dem Publikum am besten gefällt. Darauf war die Blumenfrau sehr stolz, denn ihr kleineres Bronze-Ebenbild stand mittlerweile bei zahlreichen Regisseuren. Doch die Blumenhändlerin blieb bescheiden und ließ sich gegenüber ihren Mitstreitern auf dem Marktplatz nichts anmerken. An normalen Tagen sowieso nicht, denn da standen die vier still und stumm einfach schmückend herum, wurden von den Markthändlern am Dienstag und Freitag und manchmal auch samstags beim Viktualienmarkt in deren Stände einbezogen. Kinder kletterten fröhlich auf ihnen herum und die Besucher Lünens stellten sich gerne mit ihnen für Fotos in Pose.

Doch in einigen, sehr seltenen Nächten, geschah etwas Besonderes. Wenn der Vollmond aus einem ganz bestimmten Winkel auf die Lippestadt schien, so wie heute, dann wurden die Figuren lebendig. Auch die drei Bronzeochsen an der Persiluhr, der rostige Elefant in der Lippeaue und die vielen Köpfe aus der früheren

Die Figurengruppe auf dem Marktplatz zeigt drei Marktfrauen mit unterschiedlichem Angebot und einen sehr wählerischen Kunden ...

Sowjetunion, die im Seepark Horstmar seit der Landesgartenschau 1996 das Horstmarer Loch zieren, gerieten in Bewegung. Von Mitternacht bis ein Uhr, eine Stunde lang, erkundeten die beliebten Kunstwerke ihre Stadt und kein Lüner wurde jemals Zeuge dieses Schauspiels. Die Zauberkräfte der Kunstwerke waren groß. So kam der Kunde auf die nette Blumenverkäuferin zu und schlug ihr vor: „Wollen wir nicht einen kleinen Rundflug über die Stadt unternehmen?" Die Blumenfrau lächelte zurück und nickte: „Sehr gerne." Das bekam die Fischhändlerin mit, die heimlich ein Auge auf den einzigen Mann im Skulpturenquartett geworfen hatte und zudem sehr neidisch auf ihre Kollegin mit den Blumen war. Zu gerne wäre nämlich sie das Vorbild für den Filmpreis gewesen. Aber was will man machen, zu einer Preisverleihung passen nun einmal Blumen – und seien sie aus Bronze – tausendmal besser als ein Fisch.

„Wo wollen Sie denn hin?", erkundigte sich die Fischhändlerin schnippisch. Der Kunde und die Blumenfrau überhörten den Einwand geflissentlich, denn sie hatten sich schon an den Händen gefasst und hoben leicht vom Boden des Marktplatzes ab. Sie flogen Richtung Brambauer, wo die beiden wenig später um das Colani-Ufo kreisten, das der berühmte Designer aus dem früheren Schachtturm der 1992 geschlossenen Zeche „Minister Achenbach 1/2" geschaffen hatte. Weiter ging es Richtung Bergarbeiterwohnmuseum und dann bogen sie ab, um nach Horstmar zu fliegen, wo sie Lenin und Co. Guten Tag oder besser Gute Nacht wünschen wollten. Vor vielen Jahren waren die Köpfe der früheren Sowjet-Idole auf einem LKW aus einem der GUS-Staaten zur damaligen Kupferhütte, der heutigen Firma Aurubis, transportiert worden. Ob sie inzwischen deutsch verstanden? Wie auch immer, mittlerweile waren die „Kollegen" längst ein beliebtes Fotomotiv geworden.

„Wie wäre es mit einem kleinen Abstecher zum Cappenberger See?", fragte der nette Kunde die hübsche Blumenfrau. „Haben wir denn noch Zeit dafür?", fragte diese ein wenig besorgt. Sie mussten doch unbedingt um Punkt ein Uhr wieder zurück auf dem Marktplatz sein, denn dann erlosch der Vollmond-Zauber. Nicht auszudenken, was in Lünen los wäre, wenn sich die Marktplatz-Figuren am nächsten Morgen am Ufer des Cappenberger Sees wiederfinden würden!

Der Kunde beruhigte seine Begleiterin: „Wir sind sehr schnell, keine Angst, für eine kleine Runde um den See, das Freibad und den Spielplatz ist noch genügend Zeit." Und so hoben sie am Horstmarer Loch wieder ab und machten sich auf den Weg Richtung Norden.

Die neidische Fischhändlerin war derweil nicht untätig. Sie wollte schließlich auch etwas zu erzählen haben und so hatte sie sich auf den Weg Richtung Lünen-Süd zum Bergmannsmuseum und danach zum Schloss Schwans-

Mit dieser Ochsengruppe aus Bronze wird an den mittelalterlichen Handelsweg erinnert, der vom Rheinland in den Norden führte.

bell gemacht, wo sie kurz bei den Protagonisten der Spielzeugsammlung im Museum Halt machte, das im ehemaligen Gesindehaus des Schlosses untergebracht ist. Nun wurde es aber auch für sie Zeit, zurückzukehren. Als sie auf dem Marktplatz eintraf, sah sie einen ihrer „Kollegen", der sich die neu gestaltete Fußgängerzone angesehen hatte und dabei mit St. Georg, der Brunnenfigur vor der Stadtkirche, ins Plaudern gekommen war. Kurz bevor die Kirchenuhr einmal schlug, standen auch der Kunde und die Blumenfrau wieder auf ihren Plätzen und nahmen die Haltung ein, die Andrzej Irzykowski für sie vorgesehen hatte. Keine Sekunde zu früh, da verkündete der Glockenschlag das Ende der Zauberstunde in einer besonderen Vollmondnacht.

Am nächsten Morgen war alles so wie immer. Bis zur nächsten Zauberstunde vergeht nun wieder einige Zeit, denn der Mond muss in einem ganz bestimmten Winkel zur Erde stehen und sich in ganz bestimmter Weise in der Lippe und dem Kanal spiegeln. Erst dann dürfen die Skulpturen wieder für eine zauberhafte Stunde lebendig werden ...

Die Familie Adamski

Migration ist eine Entwicklung, die vor ungefähr 50 Jahren mit den ersten „Gastarbeitern" begann? Nicht ganz. Als vor gut 100 Jahren die Zechen in Lünen ihre Förderung aufnahmen, wurden Hunderte von Arbeitskräften im europäischen Ausland angeworben, die meisten aus Polen, Italien und anderen Nationen. Sie fanden ein neues Zuhause in den Zechensiedlungen, die um die Schachtanlagen entstanden.

Unter diesen Einwanderern war auch Antonius Adamski, der mit seiner Frau Mariana und den Kindern Hedwig und Johann in die Kolonie an der Barbarastraße einzog. Er stammt aus der Gegend von Zajaczki (Hasenheide) in der heutigen Woiwodschaft Großpolen und fing auf der Zeche Victoria als Bergmann an. Die harte Arbeit unter Tage wurde ihm aber schon bald zu viel. Er setzte sich aus Lünen ab und ging 1912 in Antwerpen unter falschem Namen als „German" mit ein paar Dollar in der Tasche an Bord eines Dampfers nach Amerika. Die restliche Familie, Mutter und zwei Kinder, blieben in Lünen zurück und die Last, sie zu ernähren fiel dem gerade mal 14-jährigen Johann zu, der auf Victoria zunächst eine Anstellung über Tage bekam. Erst mit 16 Jahren durfte er vor Kohle unter Tage, mit 18 Jahren holte ihn das Militär. Danach ging es auf der Zeche für ihn weiter.

Die harte Arbeit in den Flözen mit dem Abbauhammer versuchte der junge Mann mit Musik zu kompensieren. Nach der Schicht auf der Zeche nutzte er Anfang der 1920er-Jahre jede Gelegenheit, um auf dem Konservatorium in Dortmund das Geigenspielen zu erlernen. Doch nach knapp einem Jahr musste er seinen großen Traum begraben, die Arbeit mit dem Presslufthammer hatte seine Hände für den sensiblen Umgang mit Geige und Bogen untauglich gemacht. So sattelte er schließlich auf ein Bandoneon um und fand sich mit der Arbeit unter Tage ab. Er heiratete Margarete Godlewski. Das Paar zog später in eine Wohnung im Wevelsbacher Weg 65 in der neuen Victoria-Siedlung mit den für die 1925 gebaute Anlage typischen Häusern mit Bogendurchgängen und tief reichenden Gärten dahinter. Fünf Kinder wurden geboren.

Dann begannen die dunklen Jahre der NS-Herrschaft im Lande. Johann Adamski hatte seine eigene Militärzeit im Ersten Weltkrieg noch gut in Erinnerung und lehnte aus dieser Erfahrung den erneuten Dienst an der Waffe ab. Außerdem genoss er als Bergmann den Vorzug, nicht wieder eine Uniform anziehen zu müssen. Aber auch mit seiner politischen Haltung distanzierte er sich vom herrschenden Nationalsozialismus und protestierte mit der Musik auf dem Bandoneon auf seine Weise gegen den Zeitgeist.

Die Kinder der Familie Adamski waren musisch begabt, besonders Bernhardine, vorne links im Bild.

Bernhardine und ihr Vater musizierten gerne gemeinsam.

So musste sich die Blockwartin der NSDAP, die im Haus über ihnen wohnte, manches Mal die „Internationale" anhören, die Johann Adamski auf der Bank im Vorhof unter dem Holunderstrauch intonierte. Jedes Mal drohte sie ihm mit einer Anzeige und er hatte seinen Spaß dabei.

Als das „Dritte Reich" seinem Ende entgegenging und sich herumsprach, dass die amerikanischen Verbände von Norden her auf Lünen vorrückten, hing im Wevelsbacher Weg 65 ein weißes Bettlaken. Es war vorsorglich nass und auf die zu erwartende Beschwerde der Blockwartin erhielt sie die Antwort „das hängt da nur zum Trocknen". Sohn Hans hatte der Vater in den Wald an der Cappenberger Straße geschickt. Er sollte sich dort verstecken und auf den ersten Panzer mit einer weißen Fahne zugehen. So geschah es auch.

Von der Hausmusik zur klassischen Musik: Bernhardine Bußmann als ausgebildete Opersängerin in einer ihrer Rollen.

Während die fünf Adamskis im Wevelsbacher Weg NS-Zeit und Krieg ungeschadet überstanden, ereilte Mariana Adamski, die Mutter von Johann, ein tragisches Schicksal. Sie wohnte in der Goldbrinkstraße, hatte sich aber in einen Luftschutzbunker an der Seelhuve geflüchtet, als am 8. März 1945 der letzte Luftangriff auf Lünen stattfand. Dabei wurden genau diese Häuser getroffen und sie kam ums Leben.

Die Musik, die die Familie durch die dunklen Jahre getragen hatte, sollte in der folgenden Zeit noch eine ganz besondere Bedeutung bekommen. Seit etlichen Jahren hatte der Bergmann sein Geschick als Komponist bewiesen. Bereits von 1925 stammte sein leichter Walzer für Bandoneon mit dem Titel „Wie zwei", dem er auf Nachfragen seiner Frau, was das bedeute, die Notiz hinzufügte: „Mein Kasten und ich". Für Tochter Bernhardine schrieb er das Lied „Bernhardinchen hat ein Kleidchen". Diese stellte schon als Vierjährige ihr Gesangtalent unter Beweis und trällerte Vaters Lied im Kindergarten. Ihr Bruder Hans hatte ebenfalls Musik im Blut und schwang die Stöcke am Schlagzeug. Leider wurde das Instrument nach Kriegsende von amerikanischen Soldaten konfisziert und in den Schützenhof transportiert, der der Besatzungseinheit als Casino diente. Johann Adamski kam dort vorbei, als er durch ein offen stehendes Fenster zufällig Musik vernahm, darunter ein Schlagzeug. Er schaute hinein und erkannte Hänschens Instrument sofort. Er sprach beim amerikanischen Kommandanten vor und lästerte über den „miserablen Trommler". Da habe er etwas viel Besseres zu bieten. Man ging auf ihn ein und er durfte mit Hans vorspielen. Die Soldaten waren begeistert, engagierten die Adamskis und entlohnten sie mit Brot, Butter, Käse und Cornedbeef – endlich hatte die Familie ausreichend zu essen!

Johann Adamski, der seine Zuhörer unterhaltsam und humorvoll verzaubern konnte, erhielt bald darauf den Auftrag, nicht nur die amerikanischen Soldaten, sondern auch die deutsche Bevölkerung in Lünen zu unterhalten. So entstand eine Art Varieté, das vom Schützenhof in das Gesellenhaus bzw. Kolpinghaus am St.-Marienkrankenhaus umzog. In dieser Truppe stellte Johann

Adamski mit seinem Sohn Rudi, der mit seiner Frau Käthe aus Schlesien gekommen war, wo sie als Artisten auftraten, ein respektables Programm auf die Beine. Mit von der Partie waren Heinz Gössing und sein Akkordeon, Hans Adamski am Schlagzeug, der Zauberer Bertani verblüffte so manchen Gast mit seinen Tricks, die Balletttänzerin Jenni Solwant zog die Blicke auf sich, ein Stepptänzer ließ die Sohlen klappern und Alois Tegethoff führte das Publikum als Conférencier durch die Veranstaltungen. Als die Amerikaner Lünen verließen, bedankten sie sich bei ihrem Musiker mit einer Ausgabe des Army Song Books, auf dessen Titelseite alle ihre Unterschrift gesetzt hatten.

Johann Adamski, der noch bis 1959 als Hauer auf der Zeche Victoria einfuhr, war weiterhin ein fleißiger Komponist und Bandoneonspieler. Er vertonte Gedichte, verfasste Karnevalsschlager und hinterließ einen dicken Ordner mit eigenen Kompositionen.

Tochter Bernhardine pflegte ihr Gesangstalent, ließ sich zur Opersängerin ausbilden und legte 1962 an der Musikhochschule Köln ihre Abschlussprüfung ab, um danach lange Jahre auf vielen Bühnen in verschiedenen Rollen erfolgreich aufzutreten. Anlässlich ihrer Hochzeit 1961 schrieb ihr Vater das Lied „Heckenrosen" für sie, inspiriert von den Blumenreihen, die den Eingangsweg zum Haus ihres Ehemannes Ludwig Bußmann an der Dortmunder Straße säumten.

Ihr Bruder Johannes, dessen Karriere praktisch mit dem Diebstahl seines Instrumentes durch die amerikanischen Soldaten begonnen hatte, spielte lange Jahre als Schlagzeuger in dem Orchester „Goldene 10" in den Dortmunder Westfalenhallen.

Schrauben im Gepäck

Wilhelm Löbbe, Westfalia, Wethmar – diese drei W gehören zum Leben von Paul Wisniewski wie seine Frau Johanna, mit der der Lüner seit über vier Jahrzehnten glücklich verheiratet ist. Kein Wunder, dass das Ehepaar seit vielen Jahren an der Wilhelm-Löbbe-Allee wohnt. Das Ehepaar hat den berühmten Namensgeber, den Erfinder Wilhelm Löbbe (1890–1950), nicht vergessen und hält die Erinnerung an den Mann, der den Schnellhobel erfand, den Löbbe-Hobel, wach. „Wir haben uns dafür engagiert, dass eine Informationstafel aufgestellt wird. Und freuen uns, dass viele Leute auch stehen bleiben und die Infos lesen."

Über 30 Jahre war Wisniewski bei der damaligen Westfalia, die heute Caterpillar gehört, als Konstrukteur tätig und weil er in der Entwicklungsabteilung arbeitete, musste er auch des Öfteren ins Ausland reisen. Südafrika, Indien und Kanada waren die Ziele, Reisen, die Anfang der 80er-Jahre längst nicht so selbstverständlich waren wie heute. Übrigens, privat verreist Paul Wisniewski gar nicht gerne und fühlt sich daheim in Wethmar am wohlsten.

Bevor er aber überhaupt das erste Mal in den Süden des afrikanischen Kontinents fliegen konnte, stand ein Englisch-Crashkurs auf dem Dienstplan. „Als ich die Fachschulreife absolvierte, hatte ich etwas Englisch gelernt, aber nie gebraucht", erinnert er sich. Und so paukte er mit über 40 Jahren Englischvokabeln. Bei einem Flug von Düsseldorf über London nach Johannesburg war er auf seine Sprachkenntnisse dringend angewiesen. „Das erste Flugzeug landete in Heathrow, weiter ging es dann aber von Gatwick aus und so musste ich mich mit meinem gebrochenen Englisch quer durch die Stadt von einem zum anderen Flughafen durchschlagen." Er kam durch – und das unter enormem Zeitdruck. Schließlich

Blick in die Dreherei der Eisenhütte Westfalia zu Beginn der 60er-Jahre.

wartete der Flieger nach Südafrika schon und zwar so lange, bis der Lüner an Bord gehen konnte. Klingt unwahrscheinlich? Nun, vor über 30 Jahren war das noch möglich.

Wenn Wisniewski nach Südafrika reiste, hatte er Ersatzteile und dicke Schrauben im Gepäck – das ist heute aufgrund der strengen Sicherheitsvorschriften kaum noch denkbar. Das schwere Material sorgte dann für ziemliches Übergewicht beim Fluggepäck, und damit der Koffer überhaupt geschlossen werden konnte, setzten sich Johanna Wisniewski und der Chef ihres Mannes gemeinsam auf das Gepäckstück.

Nach drei Wochen in Südafrika durfte Wisniewski wieder heim und mit ihm ein Kollege aus der Montageabteilung. Beide hatten Tickets von Johannesburg nach Frankfurt und weiter nach Düsseldorf. Das war falsch, denn die beiden hatten in ihrer Aufregung und Vorfreude auf daheim ganz vergessen, dass sie ja nur bis Frankfurt fliegen würden, wo sie von einem Fahrer ihrer Firma abgeholt werden sollten. „Unsere Koffer waren schon für den Weiterflug nach Düsseldorf vorgesehen", erinnert sich Wisniewski. Und so mussten sich die beiden Westfalia-Mitarbeiter in Frankfurt erst einmal darum kümmern, ihr Gepäck zu ergattern. Der Chauffeur der Westfalia schlug derweil die Hände über dem Kopf zusammen, denn alles dauerte natürlich viel länger als geplant. „Als wir dann die Koffer hatten, brachten wir erst den Kollegen nach Gelsenkirchen und fuhren dann weiter nach Lünen."

Mittlerweile wartete Johanna Wisniewski mit Sohn Peter schon seit Stunden auf ihren Paul, das vorbereitete Mittagessen war längst kalt und die Lünerin fürchtete schon das Schlimmste. In Zeiten, als weder Handys noch Internet selbstverständlich waren, schaltete sie immer wieder den Fernseher ein, weil sie ein Flugzeugunglück befürchtete. Nach vielen bangen Stunden konnte sie ihren Mann endlich in die Arme schließen.

Paul Wisniewski erinnert sich noch sehr gut an ein Schützenfest in Südafrika. „Dort hab ich nicht nur links fahren, sondern auch ein paar Deutschstämmige kennengelernt, die als Sportschützen aktiv waren. Ich habe sogar deutschen Kuchen bekommen." Und eine Einladung zu einem südafrikanischen Schützenfest, das zeitgleich mit dem Schützenfest in Wethmar stattfand. So prosteten sich Paul Wisniewski und seine Johanna,

Paul Wisniewski (r.) und sein Nachbar Manfred Rengel am Löbbe-Hobel.

die mit Bekannten in Lünen feierte, über Tausende von Kilometern entfernt zu.

Nach mehr als 30 Jahren und zahlreichen Reisen ging der Lüner in Rente. Doch die Westfalia ließ ihn nicht los. Zusammen mit ehemaligen Kollegen, allesamt Rentner, kam er auf die Idee, eine Maschine, die früher bei dem Bergbauzulieferer gebaut worden war, als Industriedenkmal nach Wethmar zu holen. „Eigentlich dachten wir an eine Dampfmaschine, aber an die kamen wir leider nicht ran. Dann hatten wir den Einfall, uns um einen Löbbe-Hobel zu bemühen." Drei Jahre dauerte es von der Idee bis zur Realisierung und dem Tag, an dem der Löbbe-Hobel geliefert wurde – die Deutsche Steinkohle stellte ihn zur Verfügung. Aufgearbeitet wurde er in der Werkstatt des Westfalia-Nachfolgers DBT. „Dann brauchten wir das passende Grundstück, die Genehmigungen und auch Subventionen, um alles finanzieren zu können." Vor fast zehn Jahren war es dann so weit

– der sechs Tonnen schwere Schnellhobel wurde mithilfe eines riesigen Krans in Wethmar aufgestellt. Gefeiert wurde natürlich auch, denn Westfalianer sind fröhliche Leute. Das beweist auch ein Streich, den der Freundeskreis vor einigen Jahren einem Kollegen in der Gaststätte Westfalenkrug spielte. „Wir Kollegen haben uns dort immer auf ein Bierchen getroffen", erklärt Wisniewski. Alle wussten, dass Luise, die Ehefrau eines der Freunde, große Angst vor Gewittern hatte. Wenn Blitze zuckten und der erste Donner zu hören war, eilte der treusorgende Ehemann, Wisniewskis Kollege Karl-Heinz, nach Hause, um seiner Liebsten beizustehen.

Es war der Gastwirt, der das notwendige Material für den Streich lieferte. Mit einem Kassettenrekorder hatte er Donnergeräusche aus dem Radio aufgenommen, die er eines Abends abspielte. Dann schlich er sich nach draußen, um Blitze mit der Fotokamera zu simulieren. „Karl-Heinz hatte schon die Jacke an, als er den Donner hörte", lacht Wisniewski. Und auch Ehefrau Johanna erinnert sich, dass der Wirt den Damen des Kirchenchores, die dort saßen, zuzwinkerte und sie sich alle vor Lachen nicht mehr halten konnten, als der besorgte Karl-Heinz einen Satz vom Hocker machte und die Bedienung bat: „Ruf Luise an, ich komm gleich nach Hause." Als er dann merkte, dass man ihn hereingelegt hatte, machte er gute Miene zum frechen Spiel und lachte beim nächsten Bier mit den Freunden mit.

Die letzte Klappe für den Filmclub

Lüner lieben Filme. Das zeigt sich nicht nur jeden November beim Lüner Kinofest. Schon Jahrzehnte bevor das Fest des deutschen Films zum ersten Mal organisiert wurde, gab es bis zu sieben Lichtspielhäuser in der Lippestadt. Und einen Filmklub, in dem besondere Produktionen gezeigt wurden.

In seiner Blütezeit hatte der 1952 vom damaligen Volkshochschulleiter Zbick gegründete Filmclub 300 Mitglieder. Als ein paar Jahre später das Pantoffelkino seinen Siegeszug begann, drohte dem Filmclub die Auflösung und finanzielle Probleme beutelten den Klub, als 1959 die kulturell engagierte Margot Freytag den Vorsitz übernahm. Der erste Film, den sie zeigte, war „Der alte Mann und das Meer". Ein Jahr später lud der wieder belebte Filmclub sogar zu einem karnevalistischen Vergnügen ins „Viktoriahaus" ein. Die Gäste bezahlten ihren Eintritt mit mitgebrachten Gemälden.

1962 bereitete der Vorstand ein Jubiläumsprogramm zum zehnjährigen Bestehen vor. Drei Tage lang hieß es „Von der Stummfilmzeit bis zur Gegenwart". Vom Klassiker „Metropolis" über einen Kurzfilm zu Picassos Meisterwerk „Guernica" bis zum polnischen Spielfilm „Asche und Diamant" reichte das Angebot für Kinobegeisterte. Hilmar Hoffmann, Leiter der Kurzfilmtage Oberhausen, hielt ein Referat im damaligen Kino „Astoria" und die Zeitung schrieb „der Filmclub ist aus dem Lüner Kulturleben nicht mehr wegzudenken."

1971 verabschiedete sich Margot Freytag nach erfolgreichen Jahren vom Filmclub. Günter Wenseler, der eine Buchhandlung an der Münsterstraße führte, übernahm kommissarisch den Vorsitz. Vier Jahre zuvor war der filmbegeisterte Lehrer Knut Thamm nach Lünen gekommen und wurde schließlich neuer Vorsitzender. „Das war eine tolle Zeit. Literaturabende bei Wenseler,

Jazzklub-Veranstaltungen und dazu Ausstellungen – es gab viel für Kulturinteressierte", erinnert sich Thamm. Zweimal im Monat zeigte der Filmclub ausgewählte Produktionen – Experimentelles, Avantgarde, immer aber Niveauvolles.

Aus der Lichtburg wechselte man dann 1972 in die Aula des Geschwister-Scholl-Gymnasiums. Thamm: „Da hatten wir Probleme räumlicher und technischer Art und auch der Sitzkomfort auf den Bänken war ein anderer als in den Kinosesseln." Ein Jahr später traf man sich mit dem damaligen Oberstadtdirektor Dr. Siegfried Heuser und dem VHS-Leiter Heinz-Oskar Frenz, um zu überlegen, wie es mit dem Filmclub weitergehen sollte. „Daraufhin durften wir ins Jugendheim Lünen-Mitte und dort bekamen wir 1976 zwei richtig große Kinoprojektoren." Thamm erhielt eine Kurzausbildung zum Filmvorführer. Als der Prüfer während der Prüfung den eingefädelten Film mit einem Handkantenschlag zerriss, behielt Thamm, der ihn schnellstmöglich kleben musste, die Nerven.

Das Astoria Kino lag an der Dortmunder Straße und wurde später zum Möbelhaus Hunschede.

Dass die Prüfungssituation nicht sehr weit vom echten Leben entfernt war, erlebte Thamm des Öfteren. Ein Beatles-Film war in drei Spulen geliefert worden, doch die richtige Reihenfolge geriet durcheinander. „Aber weil es ein Musikfilm war, war das offenbar gar nicht so schlimm. Das Publikum hatte trotzdem seinen Spaß." An einem Abend musste man in die Aula der früheren Realschule Lünen-Mitte an der Holtgrevenstraße ausweichen. „Wir sollten ‚Alexis Sorbas' zeigen, wussten aber nicht, dass eine Minute des Films verkehrt herum geklebt war und plötzlich machten alle Darsteller in dieser Minute einen Kopfstand." Das Publikum nahm's mit Humor und amüsierte sich köstlich.

1977, zum silbernen Jubiläum des Filmclubs, führte Thamm sogar einen Film in Schmalspurtechnik im Heinz-Hilpert-Theater vor. Mit dem „Tod eines Bürokraten" endete ein Jahr später zunächst die Filmclub-Ära in Lünen. 1995, sieben Jahre später, wurde der Klub neu belebt. Bei einem Treffen sorgten der Lüner Regisseur und Filmemacher Jochen Baak, der damalige Lichtburg-Betreiber Gerd Politt, der Bundestagsabgeordnete Dieter Wiefelspütz, der Kulturdezernent Wolf-Rüdiger Zellmann, Werner Althoff vom Kulturamt und eben Knut Thamm dafür. Zweimal im Monat bot der Filmclub besondere Streifen in der Lichtburg. „Besonders gut war die Zusammenarbeit dank des Filmvorführers Rudi Bossog", erinnert sich Thamm und prompt fällt ihm eine Geschichte ein. Der Filmclub zeigte „Die Abfahrer" von Adolf Winkelmann. Mitten im Film kam Bossog nach unten in den Kinosaal und erklärte, es täte ihm leid, aber mehr Film sei nicht auf der Rolle, der Schluss fehle. Glück im Unglück für die Kinobesucher war, dass Schauspielerin und Ruhrgebiets-Original Tana Schanzara im Publikum saß, die in dem Film mitgespielt hatte und ihn nun gerne noch mal sehen wollte. „Sie er-

Das Palastkino befand sich direkt neben dem Haus Ernsting und wurde in den 1980er-Jahren abgerissen.

In der Lichtburg an der Lange Straße nahm 1990 das Lüner Kinofest seinen Anfang.

zählte einfach die Geschichte auf ihre ganz eigene Art zu Ende und keiner der Zuschauer verließ den Saal."
Als „Woyzek" mit Klaus Kinski lief, standen plötzlich die Schauspieler Roland Reber, Fee Sachse und Jochen Nickel im Kino-Foyer, die damals im Hilpert-Theater mit ihrem „Theaterpathologischen Institut" (TPI) für Aufregung und Diskussionen sorgten. „Die planten auch eine Woyzek-Inszenierung für die Bühne und hatten kein Geld für Karten, also hab ich sie so reingelassen."
Tradition war es, nach den Filmclub-Vorstellungen in eine benachbarte Gaststätte zu gehen, in der auch eine Schützenkompanie ihr Stammlokal gefunden hatte. „An der Theke riefen sie ihren Trinkspruch und wir kamen an unserem Tisch auf die Idee, einen Filmclub-Trink-gruß zu erfinden." Und so schmetterten die Kinofans „Filmriss, Filmriss, Filmriss, riss, riss, riss."

Für Thamm spielt eine Figur aus alten Stummfilmzeiten eine wichtige Rolle: Nosferatu. Als er erfuhr, dass Regisseur Werner Herzog eine Neuverfilmung mit Klaus Kinski plante, hatte er eine Idee. „Die Ruine Wilbringen an der Stadtgrenze von Lünen-Brambauer und Waltrop wäre doch eine gute Location. Da hab ich Herzog einen Brief geschrieben und ihn nach Lünen eingeladen, wo er schon einmal vor ein paar Jahren gewesen war." Er lud den bekannten Regisseur zum Silberjubiläum 1977 ein. Es kam ein netter Brief von Herzog, allerdings eine Absage, da er zum Zeitpunkt der Feier in Lünen gerade im Ausland sein würde. Diesen Brief hütet Thamm und zeigte ihn Jahrzehnte später Herzogs Kollegen Wim Wenders bei dessen Besuch in Lünen, als er seinen Film „Palermo Shooting" präsentierte.

Thamm blieb Nosferatu treu. Eine Art Scherenschnitt des Nosferatu aus Holz, den das Team der Bühnentechnik des Hilpert-Theaters gebaut hatte, war Anfang der 80er-Jahre ein besonderer Werbeträger für eine Veranstaltung, für die das Jazz-Light-Festival mit Filmen kombiniert wurde. Um Zuschauer zu interessieren, zogen Knut Thamm und Werner Althoff mit dem Nosferatu durch die Lüner Fußgängerzone. Im Kino flimmerten Stummfilme über die Leinwand und Jazzmusiker spielten live am Klavier – darunter der Bluespapst Günter Boas. „Da tauchte immer ein schlanker, schwarz gekleideter junger Mann auf und ich wusste nicht, wer er war." Das sollte sich bald ändern und Thamm erfuhr, dass sein Stammgast der aus Lünen stammende Musiker Max Raabe war, der zu diesem Zeitpunkt allerdings noch nicht so berühmt war wie heute.

Und 2010, als Lünen eine von 53 Gemeinden der europäischen Kulturhauptstadt „Ruhr.2010" war, stand der hölzerne Vampir bei der großen Aktion Stillleben auf der gesperrten Autobahn 40 – „Ich dachte mir, zu einem Stillleben gehört ein Stummfilmstar einfach dazu."

Ein Kindheitstraum auf Schienen

Als kleiner Junge hatte Karl-Heinz Schulz einen Traum, den er mit vielen Kindern teilte – er wollte Lokomotivführer werden. Jahre später ging sein Wunsch tatsächlich in Erfüllung. 20 Jahre lang lenkte er die Loks, die von der Zeche Gneisenau in den Lünen-Süder Preußenhafen und zur Bergehalde in Horstmar fuhren. Dort, wo damals die Gleise der Zechenbahn lagen, sind heute Radfahrer unterwegs, denn auf diesen Wegen, die Schulz bis 1981 fast täglich befuhr, befindet sich inzwischen der Leezenpatt, der Radfahrweg durch Lünen.

„Mein Vater war Salzkocher auf der Kokerei Gneisenau und ist damals auf den Loks mitgefahren", erinnert sich Schulz an seine Kindheit. Als junger Mann begann er eine dreijährige Lehre als Schlosser auf Gneisenau. Nach einem Jahr in der Aufbereitung durfte er zum ersten Mal auf die Lok. „Damals waren das alles noch Dampfloks." Ein halbes Jahr heizte Schulz die Lok, weitere sechs Monate lernte er das Rangieren. Unterwiesen wurde er von Lokführern der Bundesbahn, die ihm eine Art Prüfung abnahmen. Ab 1961 stieg Schulz an jedem Arbeitstag in den Führerstand der Dampflok und fuhr durch Lünen-Süd zum Preußenhafen. Der Zechenlokführer transportierte Kokskohle, Koks, Nusskohle und Ammoniaksalz aus der Kokerei. „Im Preußenhafen wurde alles auf Schiffe verladen. Vor 1960 wurde auch Teer verladen, später transportierten dann Tankwagen den Teer."

Rückstände von der Kohleproduktion, die „Waschberge", brachte Schulz mit den Loks vom Hafen aus auf die Bergehalde nach Horstmar. „Die Gleise waren nicht so besonders. Deshalb haben wir vorsichtshalber die Lokführertür immer offen gelassen, damit wir im Notfall hätten abspringen können." Der Name der Straße „An der Kohlenbahn" erinnert noch heute an die Loks. Für die Firma Rentsch, die Hohlblocksteine herstellte, transportierte

Im Preußenhafen wurde nacheinander die Kohle der Zechen Preußen, Gneisenau und Victoria verschifft.

Schulz Material, ebenso für das Eisenlager der Firma Co-ers. „Wir sind damals immer durch einen Tunnel gefahren, den man später dann geschlossen hat." Als die Ära der Dampfloks zu Ende ging, folgten Dieselelektroloks, zunächst aus Frankreich, dann aus Deutschland.

Auf seinen Fahrten wurde Schulz stets von fleißigen Schutzengeln begleitet, die ihn vor schweren Unfällen schützten. „Die erste deutsche Lok, die ich fuhr, war eine Hentschel-Lok mit 1000 PS. Die bin ich gerade eine Stunde lang gefahren, da kam mir am Krähenort ein PKW in den Weg. Der Fahrer war auf dem Weg zum TÜV und hielt auf den Gleisen. Die Lok schleifte den Wagen mit – der war Totalschaden. Zum Glück aber ist dem Fahrer nichts passiert."

An einem anderen Arbeitstag kam Schulz aus dem Hafen, und wieder erwischte die Lok am Krähenort ein Fahrzeug, diesmal einen LKW. „Schutzengel für Vater und Sohn", lautete die Schlagzeile in der Zeitung, denn der Vater, der den Laster gefahren hatte, blieb unverletzt, der Sohn hatte lediglich eine Schramme. „Sie waren wegen eines Umzugs unterwegs und kannten sich in Lünen-Süd nicht aus." Viel Glück hatte auch ein anderer LKW-Fah-

Karl-Heinz Schulz war viele Jahre Lokführer der Kohlezüge, die die Kohle von der Zeche Gneisenau zum Preußenhafen brachten.

rer, dessen Laster samt Hänger mit der Lok kollidierte und daraufhin umkippte. „15 Meter hab ich den LKW und den Hänger mitgeschleift – aber auch bei diesem Unfall ist dem Fahrer nichts passiert."

Ein Vorfall, den er sich bis heute nicht erklären kann, ist Schulz besonders in Erinnerung: Der glimpfliche Ausgang eines „Attentats", das die Zeitung mit „Wildwest in Derne" beschrieb. „Da haben irgendwelche Verrückte mit einem Kleinkalibergewehr auf uns geschossen." Der Schreck fuhr dem Lokführer in sämtliche Glieder, aber glücklicherweise hatten die unbekannten Schützen ihn nicht getroffen.

So viel Glück hatte nicht jeder. Als er 1981 als Schichtführer ins Kraftwerk der Zeche wechselte, wurde er von einem Kollegen auf der Lok abgelöst. „Nur drei Tage später geschah ein Unfall, bei dem die drei Insassen eines Autos ums Leben kamen."

Nachdem für Schulz die Zeit als Lokführer vorbei war, baute er den ersten Wirbelschichtofen auf dem Zechengelände auf, zusammen mit drei Gaskesseln. „Wir stellten Strom aus Grubengas her." Doch das Zechensterben bereitete seiner Arbeit ein Ende, der Wirbelschichtofen wurde geschlossen „Ich war dann der letzte Mann auf Gneisenau", so Schulz, der in Lünen-Süd geboren wurde und seinem Stadtteil bis heute die Treue gehalten hat.

1991 wechselte er auf die Zeche Haus Aden, wo er für den Schichtkontrollgang zuständig war. „Da entdeckte

Die Zechenbahn fuhr direkt bis an den Verladekai.

Ich eines Nachts ein Reh, das in den Kanal gestürzt war." Schulz alarmierte die Grubenwehr, die ihm augenzwinkernd riet, hinterherzuspringen und das Tier „für den Grill" herauszuholen. „Das hab ich natürlich nicht gemacht und stattdessen die Feuerwehr angerufen, die das arme Reh dann gerettet hat."

Das Zechensterben im Ruhrgebiet ging weiter. 1993 wechselte Schulz in Dauerkurzarbeit, zwei Jahre danach in den Vorruhestand. „Und mit 60 bin ich Vollrentner geworden." Schon, als er 53 war, begann er sich für Seniorenarbeit in Lünen zu interessieren und dieses Engagement erfüllt ihn bis heute. Die Bilanz seines Arbeitslebens fällt positiv aus: „Es war eigentlich immer schön, auch, weil ich gute Kumpel hatte."

Eine Reise ins Zonenrandgebiet

Alles begann Anfang der 60er-Jahre mit dem Bau eines städtischen Jugendheims im Lüner Süden. Eleonore Köth-Feige, heute Vorsitzende des Senioren-Beirats, lebte damals als alleinerziehende Mutter mit ihren beiden Kindern in Lünen-Süd in einem der Häuser, die der Bauverein gerade an der Bahnstraße gebaut hatte. Die Angebote des Jugendheims kamen bei Kindern und Eltern gut an.

So erinnert sich Eleonore Köth-Feige noch gerne daran, dass sich Erwachsene mit den Kindern und Jugendlichen bei Kaffee und Kuchen regelmäßig zum Spielen trafen. An einem dieser Nachmittage beschlossen sie, gemeinsam Silvester zu feiern – ein generationsübergreifendes Angebot für alle im Viertel. Jeder brachte etwas mit, z. B. Schnittchen und Salat für ein leckeres Buffet und Getränke. „Im Rückblick eine vielleicht sehr mutige Entscheidung vom Leiter des Jugendheims und den Eltern", erzählt Eleonore Köth-Feige. Doch der Erfolg gab den Organisatoren recht.

Außer Kerzen und Streichhölzern gab es nichts Feuriges, doch obwohl aufs Feuerwerk bewusst verzichtet wurde, hatten alle ihren Spaß. Die Jugendlichen beteiligten sich rege an den Gesprächen der Erwachsenen und den politischen Diskussionen, und so beschloss man in jener Neujahrsnacht, im Laufe des kommenden Jahres eine Zonengrenzfahrt zu unternehmen. Da Eleonore Köth-Feige schon Erfahrungen mit solchen Fahrten und Berlintouren hatte und ausgebildete Freizeitleiterin war, stand schnell fest, dass sie die Fahrt begleiten würde.

Für viele Jugendliche aus Lünen war das Reiseziel „unbekanntes Land". Die „Zonengrenze", das „Zonenrandgebiet", lag so weit von der westfälischen Stadt entfernt, dass man kaum etwas über das Leben dort wusste. Nur diejenigen Familien, deren Verwandte in der DDR

Eleonore Köth-Feige leitete Anfang der 1960er-Jahre eine Jugendfreizeitfahrt in das damalige Zonenrandgebiet.

lebten, hatten einen Eindruck vom Alltag und Leben im anderen deutschen Staat. Für junge Leute, die nicht über Ost-Verwandtschaft verfügten, war die Reise in die deutsch-deutsche Grenzwirklichkeit ein echtes Abenteuer.

Um die Gruppe auf die Reise und das, was sie erwartete, vorzubereiten, luden die Organisatoren zu Info-Treffen ein. Die Reiseroute stand fest, die Termine waren – wie damals vorgeschrieben – beim Bundesgrenzschutz angekündigt und mit den zuständigen Behörden abgesprochen. Der Bus war bestellt und so hätte es eigentlich losgehen können. Doch am Vorabend der Fahrt klingelte bei Eleonore Köth-Feige das Telefon. Der Lüner Jugenddezernent war am anderen Ende der Leitung und druckste ein wenig herum. Schließlich rückte er damit heraus, dass es wohl doch keine ganz normale Jugendfahrt sein würde. Der WDR hatte bei der Lüner Stadtverwaltung angerufen und angekündigt, dass ein Fernsehteam die Gruppe begleiten wolle. Leiter des Teams war Manfred Erdenberger, ein bekannter Fernseh- und Hörfunkjournalist. Für den Dezernenten war klar, dass eine „Respektsperson" mitfahren musste, die die Stadt Lünen offiziell vertrat. Es war Ratsfrau Herta Erfmeier, die nun schnell ihre Koffer packen musste. „Da ihre Pflegetochter zur Reisegruppe gehörte, war es für sie mehr als in Ordnung, mitzufahren", erzählt Eleonore Köth-Feige.

Die Reise war ein voller Erfolg. Die Jugendlichen nutzten die Gelegenheit zu vielen Gesprächen. Die Tatsache, dass Menschen auf zwei verschiedenen Seiten der Grenze leben mussten, von denen vielleicht viele noch vor einigen Jahren befreundet waren, machte den Jugendlichen aus Westfalen zu schaffen. Das Leid, das die Trennung der beiden deutschen Staaten mit sich brachte, traf die Lüner sehr. Beamte des Bundesgrenzschutzes erklärten der Gruppe eindringlich, wie gefährlich es wäre, die Grenzlinie zu überschreiten.

Das Fernsehteam um Manfred Erdenberger drehte seinen Bericht über diese politische Jugendfreizeit, doch zum Bedauern der Jugendlichen und ihrer Begleiter fuhren die WDR-Mitarbeiter einen Tag früher ab als die Lüner Gruppe. Die Konsequenz war, dass sie den Fernsehbericht über ihre Reise gar nicht sehen konnten, weil er schon vor ihrer Rückkehr ausgestrahlt wurde. Video oder gar DVD gab es damals nicht, also auch keine Aufzeichnungsmöglichkeit und die Lüner mussten sich auf die Reaktionen und Berichte der Daheimgebliebenen verlassen, die durchweg sehr positiv waren. Die Gruppe hatte ihre Heimatstadt Lünen würdig vertreten – im Zonenrandgebiet und im Fernsehen.

Der Kampf um die Goldene Maske

Eine besondere Maske hängt im Haus von Irene Gresch und Dieter König und wird von der „Mutter der Kulisse" und ihrem Lebensgefährten in Ehren gehalten. Die „Goldene Maske" hat die Lüner Amateurtheatergruppe „Kulisse" 1966 bei einem besonderen Wettbewerb des Westdeutschen Rundfunks gewonnen.

Die Amateurtheatergruppe wurde 1949 als evangelische Jugendgruppe gegründet. Anfang der 50er-Jahre übernahm Heinrich Otto Gresch (gest. 1999) die Leitung. Und der war katholisch – ungewöhnlich in der damaligen Zeit. 1954 traf Gresch, den alle nur HO nannten, seine große Liebe. Die junge theaterbegeisterte Irene kam zu einem Schminkkurs, den Gresch leitete, in die Jugendherberge in der Geist. Der Herbergsvater wusste sofort, dass die beiden füreinander geschaffen waren: Mit Blick auf Irene meinte er zu Gresch: „Schau mal, hier kommt deine zukünftige Frau."

Er sollte recht behalten, 1959 traten HO und Irene Gresch vor den Traualtar, 1962 war die Familie mit zwei Söhnen und zwei Zwillingstöchtern komplett, was Irene Gresch nicht davon abhielt, sich die Zeit für Theaterproben und Auftritte zu nehmen. Die Theaterleidenschaft der Familie war eben groß. So erinnert sich Irene Gresch an eine Szene, als sie hochschwanger war. Als ihr Mann am späten Abend vom Theater nach Hause kam, hielt er seinen Arm so merkwürdig. Sie solle sich keine Sorgen machen, er habe sich nur bei der Generalprobe den Arm gebrochen – und natürlich trotzdem weitergespielt. Ein anderes Mal schlang sich der Prinzipal der „Kulisse" ein Seil um den Bauch und versuchte, per Leiter über der Dekoration im Saal des Wichernhauses zu schweben. Leider jedoch stieß er die Leiter weg und hing hilflos herum. Zum Glück hörte jemand seine Hilferufe und befreite ihn aus der misslichen Lage.

*Irene Gresch und Dieter König mit der goldenen Maske, die die Laien-
theatergruppe „Kulisse" beim Theaterwettbewerb des WDR gewann.*

Das Jahr 1966 war besonders aufregend für das engagierte Ensemble der „Kulisse", denn Gresch und seine
Akteure hatten sich um die „Goldene Maske" des WDR
beworben. Der Sender hatte den Anfang eines Krimi-
nalstücks vorgegeben, das die Bewerber zu Ende schreiben und dann aufführen sollten. Gresch schrieb das vom
WDR begonnene Stück „Ein Telegramm aus Laruns" für
seine Schauspieler weiter und fand einen spannenden
Schluss. Zunächst nahmen die Lüner die Hürde „Silber-
ne Maske" und hatten damit die Chance auf die Final-
teilnahme gewonnen. Ihr Konkurrent war das Team der
Naturbühne Elspe – ein harter Brocken.

Zweimal in der Woche traf man sich zum Proben. Der Zehn-Minuten-Text musste sitzen, da kannte Regisseur Gresch kein Pardon. Er sorgte für Disziplin in seiner Truppe. Bis zur Erschöpfung wurde geübt, direkt vor dem Mikrofon zu spielen. Gar nicht so einfach, wie das Ensemble feststellen musste. Vor allem auf Dieter Hagedorn wartete eine echte Herausforderung. Er musste in Frauenkleider (und Unterwäsche) schlüpfen, um eine weibliche Rolle zu spielen. Nach anfänglichen Bedenken entpuppte sich Hagedorn als Naturtalent, der den Frauenpart perfekt verkörperte.

Im Mai fuhren die Lüner, begleitet von Fans wie dem Stammtisch der Paohlbörger nach Bad Salzuflen, dem Austragungsort des Finales, das im Kurhaus über die Bühne gehen sollte. Live übertragen im Radio! Das wussten längst nicht alle Lüner Fans. So lauschte ein Techniker des Lüner Heinz-Hilpert-Theaters dem Radioprogramm, als er sich in einer Hängematte ausruhte. Und fiel heraus, als der Sprecher plötzlich die „Kulisse" ankündigte.

In der Jury saßen so prominente Stars wie Cornelia Froboess oder Willi Schneider. Jeder Juror hatte fünf Stimmen, die er auf die beiden Finalgegner verteilen konnte. Connie Froboess vergab sogar vier Punkte an die Luner und nur zwei an das Elsper Ensemble. Am Ende führte die „Kulisse" mit 18 zu sieben Punkten, woraufhin man den Lünern einen Connie-Punkt wegnahm und ans Sauerland vergab. Die Lüner störten sich nicht daran, änderte es doch nichts an ihrem fulminanten Sieg. Die Goldene Maske 1966 ging eindeutig nach Lünen.

Mit den 500 Mark Preisgeld begann eine neue Ära für die „Kulisse", denn von dem Geld konnte ein echtes Theaterstück ausgestattet werden – Carlo Goldonis „Diener zweier Herren". Aus der Laienspielschar im Wichernhaus wurde eine Studiobühne im Heinz-Hilpert-Theater.

Eine Schule voller Mädchen

Ein Gymnasium nur für Mädchen – das gab es viele Jahre lang in Lünen. Dort, wo heute an Lünens erster Gesamtschule unterrichtet wird, lernten die Schülerinnen des Geschwister-Scholl-Gymnasiums. Den Namen der beiden Widerstandskämpfer übernahm später die Gesamtschule, ebenso wie das Gebäude.

Als Annette Goebel, seit vielen Jahren Koordinatorin für Altenarbeit bei der Stadt Lünen, in die vierte Klasse ging, hatten ihre Eltern die Wahl – das Gymnasium in Dortmund-Eving, das Mädchen und Jungen besuchten, oder das Scholl-Gymnasium in Lünen. „Das Scholl hatte den Ruf, ein sehr strenges Mädchen-Gymnasium zu sein." 1970 begann für Annette Goebel die Scholl-Zeit und sie erinnert sich gut daran, wie unübersichtlich ihr das Gebäude erschien, das vom berühmten Berliner Architekten Hans Scharoun entworfen worden war. Die Pennälerinnen arbeiteten sich im Laufe der Schuljahre am Scholl im wahrsten Sinn des Wortes nach oben. Die Jüngsten hatten ihre Klassen unten, die angehenden Abiturientinnen oben im Gebäude.

Die größte Umstellung jedoch war der Wechsel vom koedukativen Unterricht an der Grundschule zur reinen Mädchenschule. „Aber immerhin war das Kollegium gemischt." 1970 – die Unterschiede zum gemeinsamen Unterricht mit den Jungs nahm die Sextanerin sehr bewusst wahr. „Mädchen zickten nun mal eher und ich gebe zu, ich hätte mich lieber mal im Dreck gewälzt oder mit Jungs in der Pause Murmeln gespielt."

Der Zulauf an Schülerinnen war so groß, dass die Räume im Scholl-Gymnasium nicht mehr ausreichten. „Wir waren halt die 60er-Jahre-Generation, die geburtenstarken Jahrgänge", erinnert sich Annette Goebel. Deshalb wurden Container aufgebaut, in denen die Schülerinnen unterrichtet wurden.

Annette Goebel verbrachte ihre Schulzeit unter Mädchen auf dem Geschwiser-Scholl-Gymnasium.

Die andere Welt lag nicht weit entfernt. Nur ein paar Hundert Meter von der Holtgrevenstraße, an der die Scholl-Schule zu finden ist, steht das Freiherr-vom-Stein-Gymnasium und das war Anfang der 70er-Jahre eine reine Jungen-Schule. „Man traf sich am Wallgang", lächelt Annette Goebel. „Ich hab meine erste Jeans, die Löcher hatte, dort versteckt und sie dann morgens vor der Schule angezogen."
Die Schulwelt am Mädchengymnasium erlebte das junge Mädchen als realitätsfremd. Begegnungen mit dem anderen Geschlecht waren für Annette Goebel und ihre Klassenkameradinnen erst 1975 möglich, als sie die Tanzschule von Alma Blanke besuchten, die – gemeinsam mit ihrem Vater – ganzen Generationen von

Das Geschwister-Scholl-Gymnasium wurde als reines Mädchengymnasium gegründet.

jungen Lünern nicht nur Wiener Walzer und Cha-Cha-Cha, sondern auch gutes Benehmen beibrachte. „Das war sozusagen der erste organisierte Kontakt mit dem anderen Geschlecht und dazu kam noch der Benimm-Unterricht." Die Herren Tanzpartner, mit denen sie im Stadthotel zum Abschlussball gingen, waren ein Jahr älter als die Mädchen,. „Ich war damals schon ziemlich groß und hatte Mühe, einen geeigneten Tanzpartner zu finden. Und dazu kam, dass ich einen Freund hatte, der nicht in der Tanzschule dabei war. Er wartete immer draußen auf mich und ich hab mich zwischendurch zu ihm raus-geschlichen."

Dann kam der große Tag – sechs Jungs wechselten von der Realschule zum Scholl-Gymnasium, um dort ihr

Die lange Pausenhalle ist der Treffpunkt zwischen den Schulstunden.

Abitur zu machen. „Das ergab Stress auf beiden Seiten. Aus Freundinnen wurden Rivalinnen und die Jungs waren zwar die Hähne im Korb, aber das war auch für sie nicht einfach." In manchen Kursen saß einer der Jungs ganz allein unter all den Mädchen, die begannen, zu konkurrieren und sich „aufzuhübschen". Annette Goebel berichtet: „Es haben sich aber auch einige Paare gefunden, die übrigens über die Abizeit hinaus zusammen geblieben sind." Damit die neue Oberstufen-Konstellation besser funktionierte, fuhr man nach Hagen, um sich als Gruppe zu finden. „Das war schon was anderes als bei früheren Fahrten."

Annette Goebel stand außerhalb des „zickigen Geschehens", schließlich hatte sie ja einen Freund. Außerdem hatte sie als Fahrschülerin, sie fuhr von ihrem Elternhaus in Dortmund-Lanstrop nach Lünen ins Gymnasium, regelmäßig Kontakt mit den ersten Jungs in der Jahrgangsstufe. „Da wurde man schon ein bisschen sozialisiert. Die Steinis waren auch dabei. Wir trugen alle Parka und drehten uns später im Bus unsere ersten Zigaretten."

Auch nachdem die ersten Jungen auf die Mädchenschule kamen, blieb das Gymnasium konservativ „Als wir unseren ersten langhaarigen Lehrer bekamen, war der unter all den Plisseerock tragenden Lehrerinnen ein echter Exot." Ein anderer Lehrer verblüffte seine Schülerinnen mit sportlichem Können. Pastor Johannes Schimsky unterrichtete katholische Religion – und zwar sehr lebhaft. „Er war berühmt dafür, dass er morgens immer vor der Klasse einen Kopfstand machte."

Die beginnende Koedukation war nicht die einzige einschneidende Veränderung, die die Mädchen erlebten. Mit dem Beginn der Oberstufe fiel der enge Klassenzusammenhalt auseinander. „Wir waren der erste Jahrgang, der die reformierte Oberstufe erlebte. Wir mussten uns daran gewöhnen, aus dem Klassenverband gerissen zu werden und mit Kursen zurechtzukommen." Für einige Leistungskurse mussten die Schülerinnen hinüber zu den Jungen am „Stein", wie deren Gymnasium genannt wurde, weil diese sonst gar nicht zustande gekommen wären. Umgekehrt lernten auch Steinis am Scholl. „Es gab also zumindest stundenweise gemischte Kurse."

Letztendlich fühlten sich die Abiturientinnen wie Versuchskaninchen und brachten ihren Unmut zum Ausdruck. Für die offizielle Abi-Feier zogen sie sich bewusst leger an und schminkten sich, bis auf wenige Ausnahmen, die Gesichter weiß. Eine Geste, an die sie sich Jahre später bei den Klassentreffen noch genau erinnerten. So wie an die Zeit, als die Scholl-Schule noch ein reines Mädchengymnasium war.

Närrische Hoheiten

Eine Dreiliterkanne voller Buttermilch, Orden, die in der Berufsschule gestanzt werden und Majestäten, die ein Jahr lang gratis zum Tanzvergnügen gehen dürfen – all das sind Schlaglichter einer närrischen Ära in Lünen, die immerhin dreimal elf Jahre dauerte.

In den 50er-Jahren initiierte der Stadtjugendring für die Lüner Jugend einen eigenen Karneval, gänzlich ohne Alkohol. Organisatoren waren drei Männer, und aus deren Nachnamen – Klug (Leiter des Jugendamtes), Tittmann (Lehrer) und Schmidt (Architekt) – konstruierte man „KluTittSchmi", das Kind musste ja einen närrischen Namen haben. Nachdem die drei sich aus dem Karnevalsgeschäft zurückgezogen hatten, wurde daraus der Buttermilchkarneval, eine Idee von Heinrich Otto Gresch, dem Prinzipal der Theatergruppe „Kulisse".

Gabi und Dieter Hoffmann verknüpfen mit „Bumika", wie der alkoholfreie Karneval abgekürzt wurde, ihre ganz persönlichen Erinnerungen, wurden sie doch im November 1966 in der Kellerbar der Familie Gresch („Zum roten Affen") zum neuen Prinzenpaar des „Bumika" proklamiert, ein Amt, das sie für die gesamte Session 1966/1967 innehatten. Damals hieß Ihre Lieblichkeit noch Nitze mit Nachnamen. Seine Tollität hatte sie während einer Jugendfreizeit der Stadt in Heiligenhafen an der Ostsee kennengelernt. Im Juli ihrer Regentschaft verlobten sie sich, 1968 standen sie vor dem Traualtar. „Bumika" sollten sie aber auch als Ehe- und später Elternpaar treu bleiben, wovon die vielen Souvenirs zeugen, die die beiden aus dieser Zeit gesammelt haben. Neben Gabi und Dieter gab es übrigens noch einige andere Prinzenpaare, die bis heute miteinander als Ehepaare verbunden sind.

Ganz wie es der Name gebietet, wurde Buttermilch ans närrische Volk verteilt. Gabi I. lieh sich dafür von der

Dieter und Gabi Hoffmann mit Erinnerungsstücken an die „Bumika"-Zeiten.

damaligen Jugendherberge in der Geist eine Dreiliter-Milchkanne aus, gefüllt mit dem säuerlichen Getränk. So machten sich Prinzenpaar und Hofstaat, zu dem traditionell Pierrots gehörten, auf den Weg durch die Stadt, zu Schulen und Vereinen. Verteilt wurde die Buttermilch dann in Pappbechern.

An dem Freitag nach Weiberfastnacht wurde dem „Bumika"-Prinzenpaar vom Stadtoberhaupt der große schwere Schlüssel beim Rathaussturm überreicht, begleitet von zahlreichen Lünern, die das Spektakel feierten. Auf dem Schlüssel finden sich die Namen von Gabi I. und Dieter I., und wer den Schlüssel heute in die Hand nimmt und genau hinschaut, entdeckt auch die Namen weiterer „Bumika"-Prinzenpaare. Selbst einen Orden in den Lüner Stadtfarben Rot und Gold finden die Hoffmanns unter ihren Souvenirs von einst. Diese Orden verdanken die Bumikanesen dem früheren Ratsherrn Horst Loddoch, der in seiner aktiven Zeit als Berufsschullehrer dafür sorgte, dass die Metallorden gestanzt und mit den gewünschten Farben versehen wurden. Als Dankeschön saß Loddoch dann im Elferrat bei der alljährlichen großen „Bumika"-Karnevalsfeier.

Das „Bumika"-Prinzenpaar Gabi I. und Dieter I. beim Rathaussturm.

An den Samstagen vor Rosenmontag sorgten die Bumikanesen dafür, dass vor allem die jungen Lüner ihr Herz für den Karneval entdeckten. Pflichttermin war der Auftritt mit selbst geschriebener Prinzenrede im Schützenhof von Gastwirt Günter Tucholsky, der später die legendären Parkterrassen neben dem Theater übernahm. Als Dankeschön gab es einen Gutschein für ein Jahr freien Eintritt zum Tanzvergnügen im Schützenhof.

In den ersten Jahren trafen sich die Lüner Jugendlichen im Wichernhaus. Hunderte von fröhlichen Narren bewiesen – feiern kann man auch ohne Alkohol. Später zog „Bumika" dann kurzzeitig in den Saal des Stadthotels, in dem Gabi I. und Dieter I. 1967 ihre zahlreichen Gäste begrüßten. Zum Programm gehörten Artisten und Musiker. Sogar ein Feuerschlucker begeisterte die jungen Narren – die natürlich alle verkleidet erschienen, denn die Kostümprämierung war fester Bestandteil dieses Abends. Übrigens, aus dem jungen Prinzen Dieter I. wurde Jahre später der „Bumika"-Präsident.

Als die Rundsporthalle im Stadtpark gebaut wurde, zog „Bumika" dorthin um. Zwei Tage lang wurde dekoriert,

Dieter Hoffmann als Mitglied des Hofstaats und seine Frau Gabi als Pierrot.

1000 bunte Luftballons empfingen die Jugendlichen, die in Sportschuhen oder Pantoffeln kommen mussten, um den empfindlichen Sporthallenboden zu schonen. Der Chor des früheren Jugenddorfwerks aus Oberaden war Stammgast und unterhielt mit karnevalistischen Klängen. Axel Lutter, inzwischen seit vielen Jahren als Kabarettist in Berlin erfolgreich, sorgte ebenso für gute Laune wie Horst Gurski, der heute Schauspieler ist.

Viele Lüner, die die närrische Ära als Kinder und Jugendliche erlebt haben, erinnern sich bis heute gerne daran. In den 80er-Jahren endete die Erfolgsgeschichte von „Bumika". Warum, weiß selbst der frühere Prinz und Präsident nicht genau zu sagen.

Der Ziegelbäcker aus Wethmar

Alois Siegeroth ist mit Leib und Seele Ziegelbäcker. Sein Zuhause ist seit seiner Geburt vor mehr als 80 Jahren die Ziegelei an der Münsterstraße am östlichen Ende von Wethmar. Inzwischen ist sein Betrieb ein Baudenkmal, das er als Ruheständler für viele Besucher am Leben erhält, die um ihn herum im schummrigen Licht der Maschinenhalle sitzen. Da erzählt er von früher, von den fünf Generationen Siegeroth, die hier seit 1811 verschiedenste Baumaterialien aus Ton geschaffen haben.

Der Großvater Ludwig, Jahrgang 1858, hatte die Ziegelei seinem Sohn Ludwig übergeben, der durch eine Kriegsverletzung, die er im Ersten Weltkrieg bei Verdun erlitten hatte, ein steifes Bein zurückbehalten hatte. Als Alois im Januar 1929 geboren wurde, herrschte Winterruhe im Betrieb, denn damals begann die Brennkampagne erst um den 1. März und dauerte bis zu Allerheiligen. In den Wintermonaten wurden die Maschinen gewartet und der Ton vorbereitet. Vom Ziegeleigelände aus konnte man über die Felder hinweg die einzelnen Bauernhöfe in der Umgebung sehen, aus denen Wethmar bestand.

Opa Ludwig legte in seinem Enkel Alois die Saat für eine weitere Generation Ziegelbäcker an der Münsterstraße. Der Enkel, mittlerweile selbst Großvater geworden, nennt seinen Opa liebevoll den „Märchen-Opa", und erzählt nun seinen eigenen Enkeln, was er damals erlebt hat.

Großvater Ludwig bescherte der Ziegelei 1893 die erste Dampfmaschine auf Lüner Boden, der Vater baute 1929 den ersten Zickzackofen. Doch zunächst stand für den kleinen Alois der Besuch der Volksschule an. In der Schulstraße, heute Matthias-Claudius-Straße, lernte er lesen, schreiben und rechnen, zu Hause den Umgang mit Ton. Der Opa nahm ihn mit, wenn es darum ging, die Rohstoffe für den Betrieb zu organisieren. Er lernte,

Großvater Ludwig Siegeroth (links) mit dem Kaltblütergespann, 1898.

dass die Tonvorkommen in Langern am Osticker Berg
die besten waren, der Ton hatte viele Eisenanteile, war
„lieblich", wie der Opa betonte, und gut zu verarbeiten.
Das gab schöne rote Ziegel. Der Lehm aus Cappenberg
dagegen bekam schlechte Noten. Er sei bissig, urteilte
der Großvater und ergebe nur rissige gelbe Ziegel. Bekam die Ziegelei ein Angebot von einer Baustelle, weil
bei einer Ausschachtung Ton angefallen war, so ließ sich
der alte Mann nicht übers Ohr hauen. Er nahm eine
Handvoll Lehm, machte ihn mit Spucke geschmeidig
und warf den Brocken mit Schmiss an die Bracke des
Transportwagens. Blieb der Ballen kleben, war das Material gut, fiel er ab, gab es kein Geschäft.
Während der Kindheit von Alois Siegeroth verfügte die
Ziegelei über ein Fuhrwerk, das die Waren zu den Kunden brachte. Max und Hector hießen die beiden stattli-
chen Kaltblüter. Jedes Jahr mussten sie zu Beginn einer
Produktionskampagne auf die Waage der Westfalia Ei-
senhütte. Das Leitpferd Max hatte da gut 21 Zentner
Gewicht, sein Junior-Mitzieher brachte es auf an die 20
Zentner. Der Betrieb hatte zwei Fuhrleute. Mit den Wor-

Mit dem Schaufelgreifer am Traktor wird der schwere Rohstoff in die Lore bugsiert, die ihn dann zu der Formmaschine befördert.

ten „Fahrt in Gottes Namen das ganze Jahr" schickte sie der Großvater auf ihre erste Fahrt zu Saisonbeginn. Und er bläute ihnen ein, stets fünf Minuten vor der vereinbarten Zeit bei den Kunden zu sein.

Als an einem späten Herbsttag das Fuhrwerk länger ausblieb als erwartet, kniete der Großvater sich auf das Kopfsteinpflaster der Münsterstraße nieder, legte sein Ohr auf die Steine und lauschte. „Die kommen gleich", sagte er auf Platt zu seinem verdutzten Enkel. Und tatsächlich sah man das Gespann kurz darauf über den Knapp am Jagdhaus Langern kommen. Die weiße Laterne vorne, die rote hinten. Führpferd Max in der Straßenmitte und im Eiltempo, sodass die Funken durch die Hufeisen auf den Basaltsteinen flogen. Ohne Fracht ging es mit über sechs Kilometern die Stunde voran, ziegelbeladen waren es immerhin fünf.

Mit fortschreitendem Alter hörte Alois dem Großvater nicht nur zu, sondern half im Betrieb mit. Lehm fahren, den Brennofen säubern, Ziegel aufschichten, die Kohleöfen füllen, Arbeit gab es genug im elterlichen Betrieb. Gegen Ende des Zweiten Weltkrieges wurde der

Alois Siegeroth auf dem Lehmplatz vor seiner Ziegelei in Weth-mar. Die Fotos S. 47/48 entstanden in den 80er-Jahren.

inzwischen jugendliche Alois zum Volkssturm eingezogen, war aber schon vor dem Ende des Krieges wieder zu Hause und half mit, als die Ziegelei im Februar 1945 ihre Produktion wieder aufnahm. Im März darauf starb sein Großvater.

Gemeinsam mit seinem Vater stellte Alois bei den englischen Besatzungstruppen in Bork den Antrag, für den eigenen Bedarf Dachziegel brennen zu dürfen. Der englische Offizier reagierte weitsichtig und gab der Ziegelei den Auftrag, Dachziegel für jedermann zu produzieren, denn der Bedarf für den Wiederaufbau war groß.

Durch die Wirren der Zeit war der junge Mann aus Wethmar bisher zu keiner ordentlichen Ausbildung gekommen. Um die Erfahrungen aus dem eigenen Betrieb zu vertiefen, ging er 1947 als Praktikant in ein Ziegelwerk bei Düren, nur um festzustellen, dass er von seinem Großvater alles Notwendige gelernt hatte. Zeitverschwendung!

Alois kehrte 1948 an die Münsterstraße zurück und ging dem Vater zur Hand, von dem er den Betrieb schließlich 1962 übernahm. In dieser Zeit gab es in der Lippestadt noch fünf Großziegeleien, ein kläglicher Rest, verglichen mit dem Zeitpunkt, als Alois in Wethmar das Licht der Welt erblickt hatte. Die zunehmende Bautätigkeit und veränderte Werkstoffe beschleunigten den Niedergang der Ziegeleien in Lünen. Alois war gezwungen, mit seinem kleinen Betrieb in Wethmar Nischen zu finden, die es ihm erlaubten, wirtschaftlich zu überleben. Anpassungsfähigkeit, Ideenreichtum und ganz viel Fingerspitzengefühl für den Rohstoff brachten immer wieder neue Kunden ins Haus. Ob Drainagerohre, Abdeckhauben, Spezialziegel und vieles mehr, Alois Siegeroth ließ sich etwas einfallen und befriedigte die Wünsche selbst anspruchsvollster Auftraggeber.

Am 31. Januar 1995 erlosch das Feuer im Zickzackofen, das seit dem 3. Februar 1969 ununterbrochen gebrannt hatte – ein in Deutschland unerreichter Rekord. Zu lange hatte der Kampf ums Überleben gedauert und eine wirkliche Zukunft war für den Familienbetrieb in Wethmar nicht zu erkennen. Die sechste Generation Siegeroth musste von der Ziegelbäckerei Abschied nehmen.

Alois Siegeroth konnte für sich reklamieren, der letzte aktive Ziegelbäcker in Lünen gewesen zu sein. Er mochte seine Arbeit, klar, aber das war nicht alles. Alois liebte Fußball, und als der TUS Westfalia Wethmar 1948 auf dem Sportplatz gleich hinter der Ziegelei seine Tätigkeit aufnahm, zeigte sich die Familie großzügig und stellte das Gelände für die Kicker zur Verfügung. Dass Alois sich rege am gesellschaftlichen Leben beteiligte, zeigt seine Mitgliedschaft im Schützenverein und in der freiwilligen Feuerwehr – eben alles, was ein bodenständiger Bewohner Wethmars macht, der seit Generationen mit seinem Sprengel verwachsen ist.

„Opa, erzähle uns noch mal, wie das damals war", drängen ihn heute seine Enkel und nehmen die Geschichten und Anekdoten von ihrem „Märchenopa" mit ihren Handys auf. Und Alois Siegeroth, der Ziegelbäcker erzählt …

Rendezvous mit Rudolf Schock

Unterm Dach stehen zwei Holzkisten mit Hunderten von Programmheften und Autogrammen. Schaut Werner Althoff seine Schätze durch, fallen ihm fast ebenso viele Geschichten über Stars ein, erinnert er sich an Begegnungen mit Victor de Kowa, Willy Birgel, Attila Hörbiger oder Elisabeth Flickenschild. 40 Jahre war Althoff im Kulturamt, das vor einigen Jahren in „Kulturbüro" umbenannt wurde, für die Spielpläne des Heinz-Hilpert-Theaters verantwortlich. Bis Ende der 50er-Jahre spielte sich das Kulturleben der Lippestadt im Wichernhaus ab, dort, wo heute die Post steht. „Da hab ich damals die berühmte Faust-Inszenierung mit Gustaf Gründgens und Elisabeth Flickenschild erlebt", erinnert sich Althoff. Dann beschloss der Rat der Stadt, ein Theater zu bauen und es nach dem bekannten Regisseur Heinz Hilpert zu benennen, der mit dem Ensemble des Deutschen Theaters Göttingen oft in Lünen zu Gast war. 1958 wurde das neue Lüner Theater mit über 750 Plätzen eröffnet

Als Werner Althoff im April 1968 ins Kulturamt wechselte, brachte er seine Liebe zur Bühne und seine Theatererfahrung mit. Schon 1959 feierte er seine Premiere bei der Theatergruppe „Kulisse" und 20 Jahre spielte er dort Hauptrollen im „Jedermann" oder in „Diener zweier Herren".

Auf seinem neuen Posten entwickelte Althoff eine besondere Sammel-Leidenschaft. „Von den Schauspielern der Stücke, die ich gesehen hab, holte ich mir Autogramme in den Programmheften." Auf gemeinsame Fotos mit den Stars legte er keinen Wert, bis auf eine Ausnahme – „mit Hannes Messemer wollte ich doch gern ein Bild."
Stolz war Althoff, dass er Stars wie Bernhard Wicki, Agnes Fink, Hans Holt oder Klaus Maria Brandauer, die die meisten anderen Zuschauer nur vom Fernsehen oder

Als Leiter des Lüner Kulturamtes begegnete Werner Altlhoff zahlreichen prominenten Künstlern.

Film kannten, persönlich traf. „Viele sprachen mich auch auf das Haus an, waren begeistert von der Theateratmosphäre." Seelchen Maria Schell, Blacky Fuchsberger, der großartige Helmut Lohner – die Crème de la Crème der deutschsprachigen Schauspieler lernte Althoff kennen. Damals war es übrigens durchaus üblich, dass den Künstlern die Gage in bar ausgezahlt wurde und es war Althoff, der ihnen das Geld in der Theatergarderobe überreichte. An ihm kam also keiner vorbei.

Manche Stars brachten ihre vierbeinigen Lieblinge mit. O.W. Fischer hatte gleich zwei große Hunde dabei, Hanne Wieder einen kleinen Pudel. Ein paar Jahre vorher verleitete die Schauspielerin und Sängerin mit der tiefen Stimme Werner Althoff zu einem Trinkgelage. Schuld war ein Schneesturm in München. Einige Flüge waren deshalb gestrichen worden und als Hanne Wieder endlich in Düsseldorf eintraf, war ihr Koffer

Theaterbesucher im oberen Foyer des Heinz-Hilpert-Theaters in den 60er-Jahren.

mit Abendkleid und Noten nicht ins richtige Flugzeug geladen worden. In Lünen eingetroffen, leistete Althoff der Diva im Hotel Gesellschaft, während sie auf den Anruf der Lufthansa wartete. „Sie bestellte eine Flasche Aquavit und bis dann endlich der Anruf kam, hatten wir so manches Glas geleert. Ich war das nicht gewöhnt, sie wohl schon", schmunzelt Althoff. Ein wenig eigenwillig gab sich der Schauspieler Boy Gobert. Er litt unter einer Stauballergie und monierte bei der ersten Besichtigung in den Kulissen den Bühnenstaub. Und so mussten die Theatermitarbeiter noch einmal feucht durchwischen, bevor sich der Vorhang heben konnte.

Inge Meysel konnte sich zwar Althoffs Namen nicht merken, erinnerte sich aber an seinen Vollbart, den er in den ersten Jahren, als er im Kulturamt arbeitete, trug. „Ist der junge Mann mit dem Bart da?", fragte sie und ließ diesem ausrichten, dass er sie ausführen dürfe – nach Bier und Bulette stand der „Mutter der Nation" der Sinn. Für Hans Joachim Kulenkampff verwandelte sich Althoff in einen Chauffeur, denn er sollte den Schauspieler und Quizmaster in seinem VW Käfer zu einer Party fahren. Insterburg & Co. hatten in Lünen ihren letzten Auftritt, kurz danach trennten sich Karl Dall und die drei anderen Blödelbarden. „Dass sie zerstritten waren, merkte man deutlich. Alle suchten sich eine andere Ecke, wollten bis zum Auftritt mit den anderen nichts zu tun haben."

Lia Wöhr, die TV-Wirtin aus dem „Blauen Bock", erwies sich als handfest und nervenstark und stand Werner Althoff zur Seite, als es während ihres Auftritts zu einem Kabelbrand im Theater kam. Als plötzlich das Licht ausging, wusste er: „Das gehört nicht zum Stück." Das Notstromaggregat sprang an. Althoff eilte auf die Bühne und war nervös. Wie sollte er dem Publikum klarmachen, dass alle ins Foyer und dort warten mussten, bis feststand, was passiert war? „Da nahm mich Lia Wöhr in den Arm und versicherte mir, dass wir das jetzt zusammen machen würden." Und so trat er mit der beliebten Hessin vors Publikum. Alles verlief ruhig, obwohl die Aufführung dann doch abgebrochen werden musste, weil ein Kabel durchgeschmort war.

Gerne erinnert er sich an die vielen Aufführungen, an die Schauspieler, die es schafften, dass auch die Zuschauer in der hintersten Reihe sogar ein Flüstern mühelos verstanden. An die Fußballspiele zwischen den Akteuren des Deutschen Theaters Göttingen und der Ruhr Nachrichten-Redaktion. An die gemütliche Atmosphäre vor und nach den Aufführungen, denn damals kamen die

Der Zuschauerraum 1964. Das eindrucksvolle Theater wurde 1958 eröffnet und nach dem Regisseur Heinz Hilpert benannt.

Ensembles viel früher als heute im Theater an und übernachteten in der Regel in Lünen. So blieb Zeit für ein geselliges Miteinander.

So viele Erinnerungen, die lebendig werden, wenn Werner Althoff in die beiden Holzkisten schaut, die unter dem Dach seines Hauses stehen.

„Wie der Jazz nach Lünen kam"

Musik ist in jeder Stadt zu Hause, vom Jazz dagegen kann man das nicht behaupten. Es war der bekannte Musiker Günter Boas, der diese Entwicklung in Lünen als Mentor unterstützte. Lore Boas, die mit dem außergewöhnlichen Jazzpianisten und Sänger seit 1960 verheiratet war, hält die mannigfaltige Erinnerung an den großen Musiker, Sammler und Organisator wach, der im Dezember 1993 in Cappenberg im Alter von 73 Jahren gestorben ist.

Als ihn 1967 der damalige Oberstadtdirektor Dr. Siegfried Heuser nach Lünen holte, war Günter Boas in der Jazzwelt bereits eine sehr bekannte Größe. Beide Männer, durch die gleiche Leidenschaft verbunden und aus der 1951 gegründeten Deutschen Jazz Föderation bestens bekannt, swingten die Lippestadt und begründeten so eine bis heute sehr lebendige Jazzgemeinde.

Günter Boas, 1920 in Dessau geboren, wurde durch seine Mutter schon in früher Kindheit mit dem Klavier vertraut gemacht. Auf den Jazzgeschmack kam er, als er mit acht Jahren den „Basin Street Blues", gespielt von Lous Armstrong, als Schallplatte geschenkt bekam. Jedoch hätte er damals nicht im Traum daran gedacht, dass er später einmal mit dem weltberühmten Trompeter eng befreundet sein und sie gemeinsam Musik machen würden. Bis dahin war es für den eher zurückhaltenden Anhaltiner noch ein langer steiniger Weg.

Boas erste Plattensammlung fiel den Bomben zum Opfer, er selbst kam 1943 in ein Arbeitslager, weil er BBC im Radio gehört hatte. Nach seiner Befreiung ging er nach Frankfurt, des Jazz' wegen. Dann ging es Schlag auf Schlag voran. „Two Beat Stompers" hieß 1949 seine erste Band, in der der 18-jährige Horst Lippmann am Schlagzeug saß. Zusammen mit ihm, Olaf Hudtwalcker und Carlo Bohländer wurde der Hot Club Frankfurt wiederbelebt. Mit ihren Auftritten in den amerikanischen Armeeklubs sorgte die Combo von Günter Boas für Aufsehen. Im Armeesender AFN moderierte Günter Boas bis 1959 die wöchentliche Sendung „Blues for Monday". Es folgte Dortmund als nächste Station in seinem Leben, wo er die Jazzabteilung eines großen Schallplattenladens führte. In dieser Zeit lernte er seine Frau Lore kennen. Er wurde Leiter des Hot Club Iserlohn und wirkte in vielen Jazzkonzerten mit, in denen er neben weltbekannten Größen am Piano saß.

Als der Bluesmusiker nach Lünen kam, verlief sein Leben recht unspektakulär. Er erhielt eine Stelle im Kulturamt der Stadt und wechselte nach zwei Jahren in das Sozialamt. Sein Fokus aber lag weiterhin auf dem Jazz, speziell beim Blues. 1970 entstand zusammen mit der Gruppe „Epitaph" sein Album „Blues Piano".

Im Jahr 1977, als in Lünen das erste Jazz Light Festival auf der Bühne des Heinz-Hilpert-Theaters stattfand, zog das Ehepaar Boas in das benachbarte Cappenberg und

Das war 1986 möglich – Eine Jazzveranstaltung mit Günter Boas in den Gahmener Stuben.

*Der Jazzpianist
an seinem Klavier
daheim in der
Rosenstraße in
Cappenberg in den
90er-Jahren.*

mit ihnen die schon damals beträchtliche Sammlung aus
Schallplatten, Büchern und vor allem Briefwechseln mit
vielen Jazzgrößen aus aller Welt. Viele einmalige Tondo-
kumente aus den ersten Jahren nach dem Ende des Zweiten Weltkrieges befanden sich in Boas' Besitz. Und mitten in der ständig wachsenden Sammlung in den vielen
Räumen der Dachgeschosswohnung an der Rosenstraße
stand und steht immer noch ein Klavier, das dem Musiker
seit Kindertagen ständiger Begleiter war.

Das jährlich im November stattfindende Jazzfestival Lünen wurde durch die exzellente Sachkenntnis, die Ver-
bindungen und den Einsatz von Günter Boas, Stadtdi-
rektor Dr. Heuser und Werner Althoff aus dem Kulturamt
zu einem großen Event in der Jazzszene. Viele Male griff
der Bluespianist in Bands oder solo in die Tasten und
begeisterte damit die Jazzliebhaber aus der Region. Auf
der Bühne tummelten sich viele namhafte Künstler, von
Champion Jack Dupree, Charly Antolini, bis hin zu Maria Joao oder John Scofield, um nur einige zu nennen.
Für viele wie Lucky Peterson, Nils Landgren mit seiner
„Funk Unit", oder Nguyên Lê, galt das Lüner Event als
Sprungbrett ihrer erfolgreichen Karriere. Günter Boas
selbst zählte Musiker wie Dexter Gordon, Stuff Smith,
Earl Warren und den schon erwähnten Louis Armstrong
zu seinen Freunden, die er in den USA besuchte.

Nach dem Fall der innerdeutschen Mauer konnten sich
die Jazzmusiker und -freunde aus Lünen und Eisenach

Zur Eröffnung der ersten Lünschen Messe 1980 spielte Günter Boas auf der Hauptbühne vor dem Lüner Rathaus.

ungehindert begegnen. Legendär wurde der Besuch der Lüner Jazzfreunde und des Jazzklubs Werne in der historischen Mälzerei im Schatten der Wartburg. Sie hatten eine Jazzformation aus der Lippestadt mit ihm Gepäck, die eine musikalische Grußnote abgab. Selbstverständlich ließen es sich die Eisenacher ihrerseits nicht nehmen, den Lünern einen musikalischen Gegenbesuch abzustatten. Die Realisierung war aber gar nicht so einfach. Wer mietet den Raum und wer übernimmt die Finanzierung? Rasch wurde der Jazzclub Lünen aus der

Taufe gehoben, um das Risiko zu minimieren. Die Jazz-freunde fanden in der ehemaligen Diskothek im Keller des Stadthotels eine dauerhafte Bleibe. Unter dem Vorsitz von Dieter Hirsch und seinem Aktionsteam finden seitdem regelmäßige Konzerte in allen Stilrichtungen des Jazz statt. Leider ist der unermüdliche Motor des Jazzklubs überraschend Anfang 2012 mit nur 53 Jahren verstorben. Dieter Hirschs Idee und sein Werk aber werden ihn überleben, denn der Jazz ist in Lünen inzwischen tief verwurzelt.

Die enge Verbindung zwischen Lünen und Eisenach ist übrigens historisch und hängt wiederum mit Günter Boas zusammen. 1978, also zu DDR-Zeiten, nahm Boas an einer Konzertreise teil. In der Combo von Oscar Klein's Bluesmen spielte u. a. der Saxofonist Roland Blume, dessen Bruder Manfred 1959 den Eisenacher Jazzclub gegründet hatte. Beide brachten Boas mit Reinhard Lorenz zusammen, dem Leiter des Kulturamtes in Eisenach, mit dem er Freundschaft schloss.

In der ersten Nummer der Klubzeitung „Die Posaune" von 1959 der „AG Jazz Eisenach in der FDJ-Organisation des VEB Automobilwerks Eisenach" schrieb Manfred Blume: „Es war diese Atmosphäre aus jugendlicher Begeisterung, aus Widerspruch und dem Bewusstsein, die einzig aufrechte Musik gefunden zu haben, die den Menschen die Sicherheit gab – mit den Vitaminen Improvisation und guter Laune gestärkt –, gegen den Virus Bürokratie und mies gelaunte Spießer immun zu sein".

Als Günter Boas starb, hinterließ er seine umfangreiche und zum Teil einmalige Sammlung von Schellackplatten, darunter die komplette Musik von Bessie Smith, seine Korrespondenz, seine Manuskripte und Lektüren dem Internationalen Jazzarchiv Eisenach, aus dem das Lippmann+Rau-Musikarchiv hervorgegangen ist. So lebt die Blueswelt von Günter „Bessie" Boas für jedermann zugänglich weiter.

Geschichten
aus dem Familienalbum Reher

Der abgewetzte rote Ledereinband des Fotoalbums verrät sein Alter, aber auch, dass dieses Stück Erinnerung oft in die Hand genommen worden ist. Es ist die säuberlich eingeklebte Vergangenheit von Susanna und ihrem jüngeren Bruder Jürgen, die ihre Kindheit im Geistviertel von Lünen verbracht haben. Jahre, die unmittelbar vom Ende des Zweiten Weltkrieges geprägt waren.

Wenn Susanna Reher dieses Album aufschlägt, wird mit jedem Foto sofort gegenwärtig, was schon fast zwei Generationen zurückliegt. Erinnerungen an die erste Unterkunft in der Stresemannstraße, die, wie es damals gang und gäbe war, mit einer anderen Familie geteilt werden musste, weil Wohnungsnot herrschte. Als die gröbsten Auswirkungen dieser Zeit überwunden waren, zog die Familie in die Graf-Haeseler-Straße – praktisch um die Ecke.

Ab hier beginnen die typischen Kinderbilder, die in so vielen Fotoalben aus diesen Jahren zu sehen sind. Susanna und ihr Bruder wuchsen in einem Familienbetrieb auf, einer Schneiderei, und es war selbstverständlich, dass alle in der Familie die Kunst, mit Nadel, Faden und Schere ansehnlich umgehen zu können, sicher beherrschten. So gelang es den Eltern in diesen Zeiten von Mangel und Improvisation, den Nachwuchs ordentlich einzukleiden. Susanna Reher gerät förmlich ins Schwärmen, wenn sie auf den Bildern ihre Oberteile, Röcke und Kleidchen betrachtet. Natürlich von der Mutter oder dem Vater handgefertigt und mit zunehmender Körpergröße kunstvoll umgearbeitet und angepasst. Das Einzige, was sie mit Blick auf ein Bild etwas in Rage bringt, sind die derben Jungenschuhe. „Die waren anfangs vorne mit Papier ausgestopft, damit sie passten", erinnert sie sich.

Das obligatorische Foto zur Einschulung (1951): Susanna Reher am Schreibpult mit Schiefertafel und Griffelkasten, nicht zu sehen ist der selbst gehäkelte Putzlappen.

Die Besuche bei den Großeltern an der Landwehr in Alstedde werden dank der Fotos in Sekundenbruchteilen gegenwärtig. „Da konnte man über einen Graben springen, musste sich aber sofort wieder abstoßen, weil auf der anderen Seite ein großer Hahn sonst nach den Fingern pickte. Ein Cousin hat das mal nicht geschafft und ist im Wasser gelandet." Und die kesse junge Dame kam auf die Idee, mithilfe der anderen Kinder Hühnerfutter in die Vogelnester der Bäume im Garten zu bringen, was bei den Erwachsenen für reichlich Gesprächsstoff sorgte.

1951 folgt die Einschulung mit Griffelkasten und selbst gehäkeltem Tafellappen am Schultisch. In der Leoschule, ihrer ersten Station, hatte sie schnell den Spitznamen „Die Gestrickte" weg. So trug Susanna selbst gestricktes Turnzeug im feschen „Streifendesign". Ihre Mutter, und da war sie sicher nicht die Einzige, verwertete nun mal alles an Material, was möglich war, für Bekleidung.

Da wurde alte Kleidung aufgetrennt, Wollsachen aufgeribbelt und neu verstrickt.

64 Kinder waren sie zum Start in der Volksschule. Eine Zeit lang ging Susanna in die ehemalige Stadtschule, die in der Nähe der Stadtkirche lag. Ein Kanonenofen, den Susanna versorgen durfte, heizte den Klassenraum. Eine verantwortungsvolle Aufgabe für ein kleines kesses Mädchen, dem die Lehrerin Fräulein Rademacher vertraute.

Der Nachmittag nach der Schule spielte sich in den Gärten an der Graf-Haeseler-Straße ab und es gab sogar Spielzeug für die Kinder. Eine Besonderheit war, dass die Schaukel im Garten jeden Abend abgenommen werden musste, um sie vor Dieben zu schützen. Als das einmal vergessen wurde gab es eine abendliche, ganz

Susanna mit Bruder Jürgen bei den Großeltern in Alstedde vor dem berüchtigten Zaun am „Sprunggraben", Anfang der 50er-Jahre.

Kopfüber an der tollen Schaukel.

heimliche „Rettungsaktion" durch das Badezimmer-
fenster und die angrenzende Mauer – mit ganz großem
Herzklopfen und in der Hoffnung, nicht von den Eltern
erwischt zu werden.

Familiär vorbelastet, machte Susanna ihrer Handar-
beitslehrerin Fräulein Wischler schon in der vierten
Klasse das Leben schwer. Die vorgegebenen Aufgaben
waren ihr nicht fachgerecht, das Wissen der Lehrerin
schien ihr nicht ausreichend genug. Als es um den Zuschnitt eines Hemdärmels ging, der ihrer Meinung nach
falsch war, verlor Susanna vollends die Achtung vor der
Lehrerin. Susanna widmete sich lieber einer eigenen
Kreation, einem Nachthemd. Mit Stoff von Ernsting und
einem mithilfe des Vaters gefertigten Zuschnitt setzte
das kleine Mädchen eigene Maßstäbe.

Während ihrer Volksschulzeit an der Leoschule gab es noch getrennte Schulhöfe für Jungen und Mädchen. In den oberen Klassen erhielten die Mädchen Kochunterricht, während die Jungen sich mit der Raumlehre auseinandersetzen durften. „Das fand ich so ungerecht, ich wollte auch unbedingt Raumlehre haben", schimpft sie noch heute. Das letzte Jahr ihrer Volksschulzeit verbrachte Susanna Steinzen, die später Dieter Reher heiratete, in der Nikolaus-Groß-Schule. Nach den Sommerferien stellte sich der neue Klassenlehrer Thiele auf ganz besondere Weise vor, erinnert sie sich. „Er ging im Handstand über die Schultische, wir waren begeistert." An die Volksschule mit acht Schuljahren schloss sich die Haushaltungsschule an, eine frühe Vorläuferin des jetzigen Lippe-Berufs-Kollegs. Den Besuch des Lüner Mädchengymnasiums konnten sich die Eltern nicht leisten. „Das Schulgeld dafür betrug so viel wie unsere Miete für die Wohnung, nämlich 25 Mark." So kam es, wie es kommen musste, auch wenn ihre Mutter dies eigentlich vermeiden wollte. Susanna wollte Schneiderin werden und begann ihre Lehre bei Hanni Scharsewinkel. Einen großen Vorteil hatte das Ganze, denn kaum ein Mädchen wird die Gelegenheit gehabt haben, sich für die Tanzstunden so schick zu machen wie Susanna. Bei den Jugendlichen in Lünen war die Tanzschule von Ede Blanke im Schützenhof angesagt. Susanna war begabt und schaffte es bis in eine Tanzformation, die über Lünens Grenzen hinaus die Zuschauer verzückte. „Der Ede Blanke fuhr mit seinem Mercedes manchmal Tanzschülern hinterher, um sie zum Unterricht einzufangen", erzählt sie mit einem spitzbübischen Lächeln, „dann hat die Dame am Klavier für uns Rock 'n' Roll gespielt, da war was los ..." Wir kommen zu den letzten Seiten des Albums und blicken auf eine Aufnahme von einem jungen Mann mit einem weißen Fiat 500 – Dieter Reher. Mit ihm beginnt das nächste Fotoalbum im Leben von Susanna Reher.

Schulwandertag

Am letzten Augusttag 1982 erlebten die Menschen in der Lippestadt einen wohl einmaligen Schulwandertag. Eine ganze Schulgemeinschaft machte sich zu Fuß auf den Weg durch die halbe Stadt, um ihr neues Domizil zu beziehen. Anlass war die Einführung der Gesamtschule als neue Variante zum bisherigen Schulsystem aus Volksschule, Realschule und Gymnasium. Die neue Schulstruktur führte zu ganz praktischen Veränderungen und in Lünen begann ein „Bäumchen-Verwechsel-Dich-Spiel" zwischen den bestehenden Standorten. Für die Gründung der ersten Gesamtschule in Lünen geriet das Gebäude der Realschule Mitte, die aufgelöst werden sollte, in den Fokus der Kommunalverwaltung. Doch der erbitterte Widerstand von Elternschaft und Lehrerkollegium stimmte die Verantwortlichen um, erinnert sich Rudolf Uttendorf, der seit 1966 als Lehrer für Deutsch, Geschichte und Sozialwissenschaften Unterricht gab.

Es wurde der Beschluss gefasst, die Realschüler an die Dammwiese nach Lünen Süd zu versetzen, um sie dort mit der Heinrich-Bußmann-Hauptschule in einem erweiterten Schulzentrum unterzubringen. Für 12 Millionen DM wurde angebaut, im August 1982 war alles bezugsfertig, bis auf die neue Dreifachturnhalle.

Schon damals war das Geld knapp, allein der Umzug hätte wohl einige Tausend DM verschlungen. Der Leiter der Realschule Hans-Oscar Frenz und die städtische Schulverwaltung entwickelten eine spektakuläre Idee: Warum sollten nicht Schüler, Lehrer und Eltern den Umzug unentgeltlich übernehmen und für die eingesparten Umzugskosten würde die Schule einen kleinen Bonus erhalten. Gesagt, getan.

Lehrer, Eltern und alle Schüler erstellten für den großen Marsch einen akribischen Plan, der am Morgen des 31. August 1982 in die Tat umgesetzt wurde. Die 25 Klas-

1982: Der Schülerzug in der Kahlstraße in Gahmen, auf dem halben Weg zum neuen Domizil.

sen mit ihren 33 Lehrkräften nahmen aus ihren bisherigen Schulzimmern alles in die Hand, was alleine oder zu mehreren zu tragen war. Verschont wurden für diese Aktion nur die sechs Anfängerklassen, 100 Kinder, die noch am Montag an der Holtgrevenstraße eingeschult worden waren, am Dienstag frei hatten und dann am Mittwoch in der neuen Schule mit dem Unterricht beginnen sollten.

Aufgerollte Wandkarten und die dazugehörigen Ständer, von denen es vor 30 Jahren noch recht viele für die verschiedenen Fächer gab, kleine Experimentiergeräte aus der Physik, Anschauungsmaterial aus der Biologie, Papierkörbe, Bücher und vieles mehr standen zusammen mit den Schülern und Lehrern marschbereit auf dem Spormeckerplatz. Schulleiter Hans-Oskar Frenz hatte in seinem Rucksack die wichtige Schulchronik und ein Hufeisen, das er lange Jahre in seinem Schreibtisch als Glücksbringer aufbewahrt hatte.

Dietmar Hill, damals stellvertretender Leiter der Lünen Polizeiwache, war mit sieben Beamten, zwei Motorrädern und einem Streifenwagen angerückt, um den spektakulären Umzugszug sicher ans Ziel zu bringen. Helfer des Roten Kreuzes marschierten für eventuelle Notfälle ebenfalls mit. So setzte sich der Lindwurm um neun Uhr in Bewegung, um die rund vier Kilometer entfernte neue Wirkungsstätte anzusteuern. An der Viktoriastraße verursachten die Schüler den ersten Verkehrsstau, als ihr Zug die Straße querte, und sorgten bei den wartenden Autofahrern für offene Münder. Weiter ging's auf der Kantstraße und über die Kupferstraße hinweg. Über ruhige Wege ging es über das Osterfeld und die Bergstraße zum Datteln-Hamm-Kanal, von dort in die Karlstraße. Die Überquerung der Gahmener Straße stellte den Autoverkehr noch einmal auf eine harte Geduldsprobe, dann kam für die Schüler endlich die Dammwiese in Sicht. Hinter dem Polizeimotorrad führte Ernst Zapp, der stellvertretende Schulleiter, den etwa einen Kilometer langen Pilgerzug an, der über die Bahnstraße gegen

Schulleiter Heinz-Oscar Frenz zeigt stolz sein Hufeisen, das dieser besonderen Aktion Glück verleihen sollte.

Geschafft! Der Schülerzug, hier mit den Wandkartenträgern, ist am Ziel angekommen und wurde von Bürgermeister Hans-Werner Harzer in Empfang genommen.

9.40 Uhr mit seiner Spitze das neue Schulzentrum Lünen-Süd erreichte.

Bürgermeister Hans-Werner Harzer und Jürgen Ortlepp, Leiter der Heinrich Bußmann Schule, hießen die Umzugswanderer willkommen, die sich gleich auf die Suche nach ihren neuen Klassenräumen machten und daran, die mitgetragenen Utensilien an ihren Platz zu bringen. Im Verlauf des Tages trafen die größeren und sperrigen Einrichtungsgegenstände im Neubau ein, für deren Transport Eltern und Lehrer ohne eigene Klassen einen Fahrdienst mit Lieferwagen organisiert hatten. Es war sogar ein Trecker im Einsatz! Der damalige Vorsitzende der Schulpflegschaft Klaus Raudzus war zu Recht stolz auf die gelungene Aktion.

Als dann am nächsten Morgen für alle der Unterricht in der neuen Schule planmäßig beginnen konnte, lehnte sich Schulleiter Hans-Oskar Frenz zufrieden in seinem

18 Jahre alten Sessel am Schreibtisch zurück, den er in das neue Heim gerettet hatte. Seine Idee war aufgegangen, der Umzug in Eigeninitiative gelungen. Dass es nicht der letzte Umzug seiner Schule sein sollte, konnte der Pädagoge da noch nicht ahnen.

Im folgenden Jahr, nach dem Umzug der Realschule, wurde in ihrem alten Domizil und später in den benachbarten Gebäuden der bisherigen Geschwister-Scholl-Gesamtschule die erste Gesamtschule in Lünen gegründet.

Es wurde beschlossen, die beiden Gymnasien am Standort des Freiherr-vom-Stein-Gymnasiums zusammenzuschließen. 1986 wurde das Scholl-Gymnasium aufgelöst, jetzt gab es die Geschwister-Scholl-Gesamtschule, die einen ernormen Zulauf verzeichnete. Eine zweite Gesamtschule wurde geplant, und als die Schulverwaltung nach einem geeigneten Domizil suchte, rückte erneut die Realschule Mitte ins Blickfeld. Und so folgte ein weiterer Umzug, diesmal nach Horstmar, wo die nun Ludwig-Uhland-Realschule genannte Schule einen modernen Anbau erhielt. Die Heinrich-Bußmann-Hauptschule erhielt ebenfalls einen neuen Standort, denn auch ihre Räume wurden für die zweite Gesamtschule Lünens an der Dammwiese in Lünen-Süd benötigt, die den Namen der Künstlerin Käthe Kollwitz erhielt. Die Hauptschule zog in ein Gebäude an der Bebelstraße unweit des Lindenplatzes.

Rudolf Uttendorf, der noch bis 2002 an der Realschule Horstmar tätig war, hat diese sehr bewegten Entwicklungen in der Lüner Schullandschaft miterlebt. In das Hin und Her war aber nicht nur er involviert. Seine beiden Töchter erlebten es als Schülerinnen des Scholl-Gymnasiums und ein Schwiegersohn als Schüler an seiner Realschule Mitte. An den außergewöhnlichen Wandertag Ende August 1982 erinnert sich Rudolf Uttendorf. „Wir sind nicht gerne gegangen, aber es hat unsere Schule vor dem Untergang gerettet."

Schmuckstücke auf Rädern

Der Papa impfte Reinhard Meise das Benzin ins Blut – als der Lüner 15 Jahre jung war, nahm ihn der Vater in seiner Borgward Isabella mit zum Nürburgring. In der Eifel lernte Meise den legendären Rennfahrer Graf Berghe von Trips persönlich kennen. Zu seinem 18. Geburtstag schenkte ihm der Vater sein erstes Auto, einen Lloyd – natürlich damals noch mit LÜN-Kennzeichen, und er durfte sein erstes Motorrad fahren, eine Maschine der Marke Adler.

Heute ist Meise, Jahrgang 1939, stolzer Besitzer einer ganzen Flotte von Oldtimern auf zwei und vier Rädern. „Die fahre ich aber nur im Umkreis von 100 km und nur bei schönem Wetter. Denn sonst müsste ich sie stundenlang trocken polieren", lacht der Sammler. Prunkstück ist eine ehemalige französische Staatskarosse, die vier Jahre älter ist als er selbst. Der Peugeot 402 hatte schon serienmäßig eine Heizung und stammt aus dem damals noch französischen Saarland. „So ein Modell hatte ich bei einer Ausstellung in Bremen entdeckt. Doch zu der Zeit gab es keinen zu kaufen." Daraufhin erwarb Meise erst einmal den „kleineren Bruder", einen roten Peugeot 202 aus seinem Geburtsjahr 1939. „Und dann bekam ich plötzlich drei 402er angeboten." Das Modell, das heute in einer seiner Garagen steht, wurde zehn Jahre lang aufwendig restauriert.

Die Leidenschaft für Autos ist bei Meise ein deutsch-deutsches Phänomen. Als die Mauer 1989 fiel und ein Freund im Erzgebirge Häuser kaufte, ergab sich für Meise die Chance, nach Annaberg-Buchholz zu reisen. Dort lernte er den Hausmeister des Freundes kennen. „Wir waren gleich auf einer Wellenlänge", erinnert sich der Lüner. So ergab es sich, dass der junge Erzgebirgler dem ebenso Motor-verrückten Lüner einige ehemalige DDR-Motorräder und sogar einen echten Trabi vermit-

Reinhard Meise mit seinem zweiten Auto, einem Opel Olympia, mit Dortmunder Kennzeichen.

telte. „Mit dem bin ich dann auch viele Jahre durch Lünen gefahren."

Mit den unterschiedlichsten Motorrädern war Meise schon bei Ausstellungen, aber auch bei Bergfahrten im Erzgebirge und anderen Wettbewerben dabei. „Mein Lieblingsmotorrad, eine BK 350 Boxer, auch ein Zweitakter, steht jetzt als Leihgabe im Museum in Suhl." Mit einer Heinkel reiste er nach Berlin, baute in Wannsee Zelt und eine Wasserwanne zur Erfrischung auf, die er im Anhänger aus Lünen transportiert hatte. „Und genau diese Szenerie haben wir dann zu meinem 70. Geburtstag bei uns im Vorgarten in Wethmar nachgebaut", erzählt Meise.

Meise liebt seine Oldtimer, weil sie noch etwas Besonderes sind. „Die Autos heute sehen doch fast alle gleich

Reinhard Meise und sein Peugeot 402 aus dem Jahr 1935.

aus." Bei seinen zahlreichen Reisen quer durch Europa entdeckt er immer wieder „neue-alte" Modelle. Mit einer Harley war er mehrere Wochen lang zum Nordkap unterwegs. „Aber ich bin jeden Tag nur fünf Stunden gefahren, weil ich auch Zeit haben wollte, die Städte zu besichtigen."

Nach der Fahrt in den hohen Norden ging es dann Richtung Süden. Sizilien war Meises nächstes Ziel und dort fand er dann eine Moto Guzzi aus dem Jahr 1961, die von der dortigen Feuerwehr genutzt worden war und sogar ein Blaulicht hatte. Allerdings war dieses Exemplar fast schon reif für den Schrottplatz. „Also hab ich drei, vier Jahre inseriert, doch es war keine zu bekommen." Dann jedoch fand er einen Hotelier in Köln, der sogar zwei gepflegte Exemplare sein Eigen nannte, diese aber nicht verkaufen wollte. „Ich gab ihm meine Telefonnummer, aber er meldete sich nicht. Dann erfuhr ich, dass er doch eine Maschine verkauft hatte." Allerdings nicht an Meise. Der rief schnell in Köln an und kündigte sein Kommen in zwei Stunden an. „Ich hab gar nicht gefragt, ob er die zweite Maschine noch verkaufen will, ich bin hingefahren und habe sie ihm abgekauft." Und nun steht sie blitzeblank geputzt in einer seiner Garagen – nachdem sie schon mal bei einem Bergrennen im Erzgebirge im Einsatz war.

Weil Meise Europa nicht nur vom Norden zum Süden, sondern auch vom Westen in Richtung Osten durchqueren wollte, machte er sich auf den Weg nach Spanien und Portugal und war dann in Griechenland unterwegs. „Auch in Gibraltar bin ich bei dieser Reise gelandet." Auf dem Affenfelsen entdeckte er ein früheres englisches Behördenmotorrad, eine Velocette LE. Ein solches Exemplar, Baujahr 1949, gehört ihm nun auch. Ein deutscher Auswanderer, der sein Glück in England suchte und begeisterter Motorrennfahrer war, entwickelte die Maschine.

Manchmal profitieren gute Freunde oder deren Kinder von der Sammelleidenschaft des Lüners. „In Ausnahmefällen stelle ich einen Oldtimer als Braut-Auto bei Hochzeiten zur Verfügung." Allerdings nur mit Meise selbst als Chauffeur.

Komplett ist Meises Sammlung noch nicht.

„So ein, zwei Fahrzeuge kommen bestimmt noch dazu." Vielleicht erfüllt sich noch sein Traum vom Peugeot 202 als Cabrio. „Aber dieser Oldtimer ist derzeit nicht zu bekommen."

Vor der ersten Seilfahrt

Gegen Ende des 19. Jahrhunderts erreichte der Kohlebergbau Lünen und brachte der zumeist ländlich geprägten Stadt mit gut 3000 Einwohnern die Industrialisierung. Am Wüstenknapp, in Horstmar, Gahmen und Brambauer entstanden Schachtanlagen und in ihrem Umfeld eigene Siedlungen für die rapide wachsenden Belegschaften. Für die Arbeit unter Tage wurden zahllose Arbeitskräfte angeworben, viele davon kamen aus Schlesien, der Heimat des Bergbaus. Unter ihnen war Friedrich Krischer, der in Lünen Arbeit und eine Heimat fand. Er gründete eine Familie, und als sein Sohn Friedrich, geboren 1917, sechs Jahre alt war, hatte Lünen bereits über 23 000 Einwohner und in Brambauer, rund um die Zeche Minister Achenbach, zählte man mehr als 13 000 Bewohner.

Der Lehrhauer beobachtet genau, was die Nachwuchsbergleute beim Strebausbau machen.

Die Krischers wurden zu einer der typischen Bergbaufa-
milien, in der der Beruf „vor Kohle" vom Vater auf den
Sohn überging. So war auch der Weg von Horst Krischer,
geboren 1941, vorgezeichnet. Sein Elternhaus stand im
„Negerdorf", das so genannt wurde, weil die Bergleute für ihre geschwärzten Gesichter bekannt waren. Vom
Dorf aus hatte man einen direktem Zugang zum Datteln-Hamm-Kanal und hier gab es alles, was ein Junge
zu seiner Zeit brauchte. In den großen Gärten hinter den
Häusern hatten die Bergarbeiterfamilien ihre Hühner,
Gänse, Schweine und sogar Schafe. Letztere wurden am
Kanalufer zum Grasen angepflockt, die Gänse durften
im Kanal schwimmen. Und wenn die Hühner einmal
Nachbars Misthaufen auseinandergekratzt hatten, gab
es Zoff. Die Kinder lernten im Kanal schwimmen und
zum Fußballspielen ging es auf den Triftenteich, wobei
es in den Reihen der VFB Jugendmannschaften tolle Ta-
lente zu bewundern gab. Einer von ihnen war Timo Ko-
nietzka, der bei Borussia Dortmund später das erste Tor
der Bundesliga schießen sollte.

Auf der anderen Kanalseite hatten die Familien aus
dem „Negerdorf" dazu noch ein Stück Land, wo Gemü-
se und Kartoffeln angebaut wurden. Das war so groß,
dass Bauer Kolepp mit dem Pflug darüberging, erinnert
sich Horst Krischer. Erreicht werden konnte der eigene
Acker in den Nachkriegsjahren nur mit der Kanalfähre,
denn die Brücken der Bebel- und Blücherstraße waren
zerstört.

Zu den vielen Jugenderinnerungen gehörte der Einstieg
in das Berufsleben, der im Frühjahr 1956 begann. Horst
Krischer hatte sich auf der Schachtanlage Gneisenau
beworben und begann seine Laufbahn als Bergmann am
3. April mit der Frühschicht. Morgens um 5.30 Uhr wartete der 14-Jährige am Marktplatz in Lünen-Süd zusammen mit den gestandenen Kumpeln auf den Zechen-
bus von Kläs. Die Mutter hatte ihm sein erstes Zechen-

Der Kohleabbau unter Tage war harte Knocharbeit, die Luft schlecht und heiß.

brot geschmiert, die Blechkaffeepulle war nagelneu. An weiteren Haltestellen füllte sich der Bus in Richtung Gneisenau zusehends und er selbst war in ängstlicher Erwartung.

Am Ziel angekommen, begrüßten Meisterhauer die neuen Berglehrlinge. 150 Jungs traten zu ihrer ersten Schicht an, ordentlich in Reih und Glied aufgestellt. Dann ging es zum Magazin, um die erste Kluft entgegenzunehmen: einen blauen Arbeitsanzug, einen Lederhelm, Unfallverhütungsschuhe. Alles wurde in einen großen Sack gepackt. In der Jugendkaue wurden ihnen die Personalnummern ausgehändigt.

In der Waschkaue staunten die jungen Männer, deren Väter nicht im Bergbau tätig waren, denn da standen keine Spinde, sondern die Kleidung wurde an Haken mit einer langen Kette hoch unter die Decke gezogen. Vor Horst Krischer lagen drei Ausbildungsjahre zum Bergknappen. In der Lehrwerkstatt stand zunächst die Schlosserei mit Feilen und Sägen auf dem Plan, darauf folgte die Bearbeitung von Grubenholz für den Strebausbau. Man lernte unter anderem die Stempel mit der Hand abzumessen, denn unter Tage gab es keine Zollstöcke. Als Nächstes ging es zur Hängebank, wo man mit den älteren Bergleuten, die nicht mehr unter Tage eingesetzt wurden, die Fremdstoffe aus der geförderten Kohle aussortieren musste. Nach acht Stunden Schicht sahen die Jungen mit direktem Kohlekontakt erstmals wie richtige Bergmänner aus. Derart geschwärzt, war der feierabendliche Waschgang in der großen Gemeinschaftswaschkaue für manchen eine große Herausforderung. Sich mit allen anderen splitterfasernackt unter die vielen dampfenden Duschen zu stellen, war einigen ziemlich peinlich. Dieser Kohlenstaub klebte wie Pech auf der Haut und war nur schwer abzuwaschen, daher gehörte es zum Alltag der

Horst Krischer (links) im Gespräch mit zwei anderen Kumpeln unter Tage.

Die Jungbergleute einmal im feinen Zwirn mit ihren Arbeitsbüchern.

Bergleute, sich gegenseitig zu „Puckeln" und war für die erfahrenen Kollegen selbstverständlich.

Mit dem 16. Geburtstag wurde es dann für alle Berglehrlinge ernst. Auch für Horst Krischer, der wusste, dass nun die Zeit unter Tage vor Kohle beginnt, bis dahin verbot das Berggesetz jede Tätigkeit unter Tage. In der Bergberufsschule auf der Schachtanlage Gneisenau waren die angehenden Knappen auf die schwere Arbeit vor Kohle vorbereitet worden. Sie lernten den Aufbau einer Schachtanlage und was Begriffe wie Luftschacht, Förderschacht, Füllort, Strecke, Streb, Kohleflöz und vieles mehr zu bedeuten haben. Allmählich entwickelten die Bergbauneulinge eine Vorstellung von der Welt etliche Hundert Meter unter der Erdoberfläche, die die meisten nur aus Erzählungen der Väter oder Brüder kannten.

Am ersten August 1957 morgens um sechs Uhr war der große Augenblick für Horst Krischer gekommen: Die erste Seilfahrt stand an. Der Meisterhauer von unter Tage kam, um die Verlegung in den Abbaubereich durchzuführen. Sehr nervös und aufgeregt über das, was ihn in der Finsternis erwarten würde, ging Horst mit zur Markenkontrolle, wo er die Blechmarke mit der Nummer 3268 entgegennahm. Sie sollte ihn sein ganzes Arbeitsleben im Bergbau begleiten. Weiter ging es zur Lampenstube. Im Tausch gegen die gerade empfangene Blechmarke gab es vom Lampenwart die eigene Grubenlampe. Mit 4,5 Kilogramm hatte sie ein ganz ordentliches Gewicht. Schweren Schrittes wurde die Hängebank am Schacht angesteuert und nun gab es keinen Weg mehr zurück. Vier Etagen hatte der Förderkorb, der wie ein Fahrstuhl aussah und Bergleute und Kohle beförderte. Der Anschläger regelte den Zugang zum Förderkorb mit seinen Signalen an den Fördermaschinisten, für die Berglehrlinge eine spannende Angelegenheit.

Mit einem mulmigen Gefühl ging es für Horst Krischer und seine Kumpel in das Korbabteil. Die Gittertore schlossen sich und die Fahrt nach unten begann. Schnell wurde es dunkel und durch die gelöcherten Seitenwände zog der Fahrtwind. Es ruckelte und wackelte, als die Kabine mit acht Metern pro Sekunde in die Tiefe sauste, die Gespräche verstummten, aber es war auch ein prickelndes Gefühl. Nach rund acht Minuten bremste der freie Fall und in eintausend Metern Tiefe war die achte Sohle erreicht, der erste Einsatzort für die Neulinge. Dieser ersten Seilfahrt würden für Horst Krischer noch viele Hundert weitere folgen.

Vom Abbau mit dem Presslufthammer zum „Löbbehobel" von der Westfalia und dem Schrämwalzenlader, vom Strebausbau mit Holzstempeln bis zum modernen Abbau mit großen Hydraulikschilden – Horst Krischer hat die Veränderungen in der Welt unter Tage miterlebt. Und über Tage die großen Protestveranstaltungen für den Erhalt des Bergbaus und das Ende der Lüner Zechen. Drei Generationen Krischer hat der Bergbau an der Lippe ernährt, damit ist jetzt endgültig Schluss, überleben aber wird der alte Bergmannsgruß „Glück auf".